아웃 오브 더 트랙

아웃 오브 더 트랙

끝내주는 실행력 하나로 새로운 길을
개척한 유타컵밥의 성장 스토리

OUT OF THE TRACK

송정훈 지음

필름

추천의 글

송정훈 대표와의 인연은 우연한 만남에서 시작되었습니다. 처음부터 마음이 통하여, 그가 한국을 방문할 때마다 자연스럽게 만남을 이어가게 되었고, 어느새 그의 가족들과도 친척처럼 가까운 사이가 되었습니다.

이 책에 그의 인생 이야기가 잘 담겨 있지만, 제가 송정훈 대표를 보며 느낀 점이 독자 여러분께도 참고가 될까 하여 몇 마디 덧붙이고자 합니다.

그는 겉보기에는 외향적이지만, 실은 남 앞에 나서거나 자신을 과시하는 성격은 아닙니다. 그렇다고 부끄러움이 많거나 소극적인 사람도 아닙니다. 나서야 할 때는 망설임 없이, 마치 탱크처럼 돌진하는 추진력을 지니고 있습니다. 짧은 영어로 〈샤크 탱크(Shark Tank)〉에 출연했던 일화나, 코스트코 행사장에서 경영진들의 눈을 사로잡았던 경험이 이를 잘 보여줍니다. 무엇보다 인상적인 것은, 해야 한다고 판단이 서면 과감히 실행에 옮기고, 그 과정에서 수없이 수정하고 다듬으며 결국에는 성과를 만들어낸다는 점입니다. 물론 그의 여정이 순탄한 것만은 아니었습니다. 동료의 배신으로 회사를 통째로 빼앗길 뻔한 위기를 겪기도 했고, 억울하게 누명을 쓴 적도 있으며, 미국 정부의 인허가 절차에 수차례 좌절하기도 했습니다. 그러나 수많은 고비를 지나온 그는 제게 "파도 타기를 즐기듯, 난관을 헤쳐 나가는 과정 자체가 즐겁습니다"라고 말할 정도로 단단해졌습니다.

송정훈 대표는 사람을 참 좋아합니다. 다양한 국가 출신의 직원 한 사람 한 사람을 진심으로 존중하고 아끼기에, 그들도 기꺼이 그를 따릅니다. 사업은 결코 혼자 하는 일이 아닙니다. 믿을 수 있는 동업자나 지지자 없이 성공한 사업은 드뭅니다. 그의 곁에는 '권 덕'이라는 든든한 파트너가 있습니다. 뉴욕 증권가에서 잘나가는 재무 전문가였던 그는, 송정훈 대표의 진정성과 비전에 매료되어 높은 연봉도 마다하고 유타컵밥에 합류했습니다. 또한 송정훈 대표의 아내이자 사업 파트너인 김예리 팀장 역시 회사를 내조하며 다섯 아이를 돌보는 어머니로서, 그의 가장 강력한 지지자로서 유타컵밥의 성장을 함께해 온 중요한 존재입니다.

이 책을 통해 독자 여러분도 알게 되겠지만, 그는 기존의 틀에서 벗어난 '아웃 오브 더 박스' 사고를 참 잘합니다. 대부분의 한식 사업자들이 미국 진출 시 LA, 뉴욕, 시카고 같은 대도시를 선택하는 반면, 그는 넓은 미국 중부, 유타를 주목했습니다. 다소 보수적인 정치 성향의 지역이지만, 새로운 것에 대한 거부감은 의외로 적고, 그만큼 경쟁이 덜한 '블루오션'이 될 수 있다고 판단한 것입니다. 결과적으로 그의 혜안은 옳았습니다.

이 책은 단순한 성공담이 아니라, 한 사람이 어떻게 역경을 돌파하고 사람과의 신뢰를 기반으로 새로운 길을 개척해 왔는지를 보여주는 살아 있는 기록입니다. 지금도 생존을 위해 치열하게 고민하는 유타컵밥 송정훈 대표의 추진력, 끈기, 통찰력, 그리고 사람을 향한 따뜻한 태도는 현재 이 시대를 살아가는 우리 모두에게 귀중한 인사이트를 전해줄 것입니다.

저는 이 책을 기꺼이 권합니다. 언젠가 유타컵밥이 '판다 익스프레스'를 넘어서는 그날이 오기를 진심으로 응원하며, 이 책이 그 여정을 함께할 독자들에게도 의미 있는 나침반이 되기를 바랍니다.

_ **홍성태**, 《브랜드로 남는다는 것》 저자

성공적이며 행복한 인생을 만드는 건 정답이 아니라 태도다. 이것은 지난 14년간 〈세바시〉를 만들며 내가 얻은 가장 중요한 진실이다. 그리고 그 진실을 삶으로 증명한 한 사람의 이야기가 이 책에 담겨 있다. 무용수의 꿈을 접고, 창업에 도전하고, 실패하고, 다시 일어선 사람. 그 과정에서 저자는 자신의 단점을 부끄러워하지 않고 정면으로 바라보며 그것을 강점으로 바꿔냈다. 그래서 그는 더 단단해졌고, 더 단정하게 삶의 중심을 잡았다. 《아웃 오브 더 트랙》은 계획대로 흘러가지 않는 인생을 어떻게 다시 걸을 수 있는지를 용기 있게 보여주는 책이다. 삶이 어긋났다고 느끼는 이들에게 이 책은 방향이 아니라 태도를 바꾸라고 말한다. 그리고 그 태도만이 결국, 새로운 길을 만들어줄 것이다.

_ **구범준**, 〈세바시〉 대표 PD

우리는 사회에서 정해준 길을 걸어왔습니다. 열심히 공부해서 좋은 대학에 가고, 좋은 기업에 취직하려고 20대 전부를 보냅니다. 《아웃 오브 더 트랙》은 단순한 성공기가 아닙니다. 사회가 만들어 정해준, 남들이 좋다고 하는 길이 아니라 내가 직접 경험하고 생각하며 느낀 대로 계획하고 실행해 나가며 진짜 나의 인생을 만들어 간, 한 사람의 진심입니다.

제가 진심으로 존경하는 롤 모델 유타컵밥 송정훈 대표님은, 길거리 트럭 하나로 거대한 기업을 일구며 "세상에 길은 많다. 문이 열리는 대로 가라"라는 메시지를 전하는 산 증인입니다. 이제, 트랙을 벗어나 당신의 인생을 만들어 갈 시간입니다.

_ **윤희철**(희철리즘), 문화 콘텐츠 크리에이터

'이 시대의 탁월성이란 무엇인가.' 롱블랙이 줄곧 매달려온 질문은 이것입니다. 어떤 사람들이 이 시대의 변화를 이끌고 있을까요. 그들은 무엇이 남달랐을까요.
《아웃 오브 더 트랙》을 통해, 송정훈 유타컵밥 대표는 그 답을 들려줍니다. 좋아하는 것에 집요하게 매달려본 경험, 바닥에서 다시 일어난 용기, 사람을 소중하게 생각하는 따뜻한 마음. 유타컵밥 스토리엔 진짜 탁월성의 핵심이 모두 담겨 있습니다.
세상이 무섭게 변합니다. 흔들리지 않고 중심을 잡기 위해, 진짜의 목소리에 귀를 기울이길 권합니다. 이 책이 도움이 될 것이라고 생각합니다.

_ **임미진**, 타임앤코(롱블랙) 대표

프롤로그

내 명함을 보면 이름 아래에 "sexy hot boss"라고 적혀 있다. 10여 년 동안 컵밥을 운영해오면서 나와 쭉 함께한 명함이다. 아무리 유쾌하고 유머러스한 삶이 모토라지만 비즈니스 명함에 sexy hot boss라니, 자칫 우습게 보이거나 장난처럼 느껴질까 봐 아내는 지금도 이 명함을 별로 좋아하지 않는다. 하지만 '송정훈'이라는 이름이 익숙하지 않은 외국인들에게 어떻게 나를 각인시킬 수 있을까 오래 고심한 끝에 지은 닉네임이다. 처음 이 명함을 받아서 본 사람들은 깔깔 웃으며 사진을 찍고 서로에게 보여주며 즐거워한다. 그거면 됐다. 지난 10여 년 동안 이 직함을 내 이름 밑에 박기 위해 정말 열심히 뛰었다. 그러는 사이에 아이들이 다섯 명이나 태어났다. 내 전부를 주어도 아깝지 않은 아이들에게 결코 부끄럽지 않은 아빠가 되기 위해서 거짓 없이 정직하게 땀을 흘려 컵밥을 일궜다. 지금의 나를 만난 사람들은 그 누구도 내 명함을 우습게 보지 않는다. 내가 10년간 흘린 피와 땀과 눈물을 잘 알기 때문이다.

10여 년 전 아무것도 없는 황량한 유타에 대뜸 푸드트럭을 세웠다. 유창한 영어는커녕 생존 영어도 겨우겨우 내뱉을 정도의 터무니없는 실력이었다. 그때 나는 이미 30대 중반의 나이였고, 전 재산은 1,500만 원이 전부였다. 나와 비슷한 처지였던 두 명의 동업자들과 함께 셋이서 트럭을 꾸미고 간판을 올렸다. 무슨 용기에서 이런 대담한 일을 벌였느냐고 묻는다면 일단 마음먹은 일은 뭐가 됐든 해봐야 직성이 풀리는 성격 탓이라고 대답하겠다. '실패'라는 단어를 그다지 좋아하지는 않지만, 만약 실패한다고 해도 다시 다른 방법을 찾으면 그만이라고 생각했다. 내가 벌인 일에 내가 실패했으니 누군가를 탓하거나 원망할 필요도 없었다. 그저 내가 조금 미숙했을 뿐이었다.

첫 사업을 시작하고 나서 석 달 만에 겨우 50달러를 벌었다. 우리 돈으로 7만 원이었다. 아내와 함께 부족한 살림을 살면서 생활비를 걱정하던 그 시절이 마냥 매일같이 행복했다고는 하지 않겠다. 하지만 부족한 살림살이지만 가족들과 함께 음악에 맞춰 몸만 흔들어도 충분히 행복할 수 있다는 걸 배운 귀한 시절이기도 하다. 주말에도 밤낮없이 일만 하는 아빠를 보기 위해 아내의 차에는 언제나 텐트가 준비되어 있었다. 푸드 트럭이 가는 곳이라면 어디든 아이들도 함께했다. 아이들은 트럭 옆에 텐트를 치고 놀면서 아빠를 따라 "엑스트라"와 "콤보"를 외치기도 하고, 음악에 맞춰 함께 막춤을 추기도 했다. 몇 번이고 포기하고 싶었던 순간에 아내와 아이들이 나를 지지해 주고 응원해 주지 않았다면 지금의 컵밥은 오래전에 사라졌을지도 모른다.

다른 집 아이들의 전동 칫솔을 부럽게 쳐다보던 자식들을 보며 열심히 벌어 돈 걱정 안 시키고 마음껏 전동 칫솔을 사주겠다고 다짐했던 내가 이제 어느덧 중년의 아저씨가 되었다. 이제 전동 칫솔은 얼마든지 사줄 수 있지만, 그보다 더 큰 목표가 생겼다. 현재에 안주하지 않고 끊임없이 발전하는 모범을 보여주는 부모, 아이들이 자랑스러워할 만한 부모가 되고 싶다는 소망이다. 컵밥이 한창 고전을 면치 못했던 초기에는 당장 눈앞에 있는 산만 넘으면 될 줄 알았다. 그래서 매번 고비가 찾아올 때마다 "이 산만 넘자, 이것만 이겨내자" 하며 스스로를 채찍질했다. 당시에는 그렇게 하루하루를 버텼다. 이제 컵밥은 미국 내 60여 개의 매장을 갖췄다. 인도네시아에서는 200여 개의 매장을 오픈했고, 두바이와 파트너 계약도 마쳤다. 10년 전에는 눈앞에 놓인 장애물을 하나씩 부수면서 내실을 다졌다면, 지금은 눈앞에 산보다 더 큰 산이 온다고 해도 쓰러지지 않을 자신이 있다는 신념으로 살아간다. (실제로 10년 전보다 더 크고 깊은 산과 늘 마주하고 있다.)

여러 강연이나 인터뷰에서도 언급했지만, 나는 한국 사회에서 주류보다는 비주류에 가까웠다. 고등학교 성적표를 보면 죄다 '가'뿐이다. 춤추는 게 너무 좋아서 미친 듯이 춤만 추며 어린 시절을 보냈다. 내 어머니는 이런 나와 자신의 아이가 놀지 못하게 해달라는 학부모들의 전화를 받아야 했다. 하지만 우리 부모님도 나도 단 한 번도 내가 못났거나 문제아라고 생각해 본 적이 없다. 우리는 그랬지만 주변에서 늘 "넌 안 돼", "잘못됐어", "넌 실패할 거야"라는 말을 듣다 보니 어느 순간 '아, 정말 나는 문제아이고, 안 될 사람인가?' 하고 고민해 본 적은 있다. 좁은 틀을 깨고 좀 더 넓은 세상으로 가보고 싶어 결정한 미국행이었지만 모두 나처럼 미국으로 가라거나, 푸드 트럭 장사를 하라고 권하지는 않는다. 이런 나도 했으니 당신도 할 수 있다는 말도 식상하다.

하지만 지금 자신이 속한 상황이 전부라고 지레짐작하고 포기하지는 않았으면 좋겠다. 분명 어딘가에 더 크고 깊고 아름다운 세상이 있다는 것을 보여주고 싶다. 나에게 그곳은 유타였다. 이 책을 읽는 독자들 각각의 세상을 반드시 찾길 바란다. 적어도 나에게는 타고난 금수저가 아니라거나, 명문 대학교를 졸업하지 못했다거나, 대기업 출신이 아니라는 자기변명은 통하지 않는다. 나는 앞서 말한 그 어느 조건에도 속하지 않기 때문이다. 그래서 내가 불행하냐고 묻는다면 전혀 아니다. 오히려 그 덕분에 지금의 내가 있었다.

이 책은 다른 자기 계발서처럼 논리적이고 체계적으로 입증된 성공의 비결을 전하는 책이 아니다. 모두가 안 된다며 고개를 저었던 나와 컵밥이 어떻게 지난한 길을 걸어서 결국 '되게' 만들었는지 보여주는 책이다. 개인의 성장이 조직에서 기업으로 어떻게 이어지는지 궁금한 독자라면 후회 없는 독서가 될 것이다.

남들에게 내가 빠른 추진력과 결단력을 가진 리더십 강한 사람으로 비친다는 것을 알지만, 사실 나는 굉장히 섬세하고 예민한 사람이다. 회의할 때 가운데 앉아 지시하기보다 가장 끄트머리에 앉아 직원들의 이야기를 듣는 쪽이다. 다만 결정을 내려야 하는 타이밍이 됐다면 주저하지 않고 실행에 옮기는 사람이다. 그렇게 10년을 달렸다. 앞으로의 10년은 지금보다 나아질지, 아니면 후퇴하게 될지 알 수 없다. 나도 사람인지라 미래에 대한 막연한 기대만큼 두려움도 당연히 존재한다. 그럼에도 불구하고 지금 내 앞에는 여전히 경험해 보지 못한 것투성이고, 해결해야 할 것들이 널려 있다. 이런 현실이 마냥 감사하고 축복이라고 여겨지기도 한다. 게다가 다섯 명의 사랑스러운 복제 괴물들이 쉬지 않고 밥 달라며 짹짹거리니 더욱 열심히 달리는 수밖에!

푸드 트럭 안에서, 송정훈

차례

추천의 글 4
프롤로그 10

TRACK 1
상상에 액션을 더하면 현실이 된다

타칭 문제아가 푸드 트럭 사장이 되기까지 22
돈도 백도 실력도 없다면 32
시작하면 비로소 시작된다 43
새로움 안에서 찾는 익숙함 53
매일이 실패의 연속 63
완벽한 계획보다는 작은 행동부터 82

TRACK 2
포기하지 않는 한 반드시 길이 있다

사람이 답이다 92

컵밥을 지키는 사람들 108

간절히 원하면 기회의 문이 열린다 125

정, 덤, 흥의 민족 134

컵밥 마니아는 어떻게 생겨났나 146

유혹을 이겨내는 원칙과 루틴의 힘 157

모른다고 인정하는 용기 166

TRACK 3
끝나지 않은 도전 속에서 매일을 살아내는 법

일단 한다, 단 무모하지 않게 178

기본에 집중하는 태도가 권태를 이긴다 184

행복을 파는 브랜드 201

성공 확률 100% 영업맨의 비결 212

아스팔트를 뚫고 자란 잡초처럼 219

에필로그 228

TRACK 1

상상에 액션을 더하면 현실이 된다

타칭 문제아가
푸드 트럭 사장이 되기까지

    컵밥이라는 브랜드를 말하기 전에 송정훈이라는 개인을 먼저 이야기하지 않을 수 없다. '나'라는 정체성을 확립하고 끊임없이 나다움을 만들어간 덕분에 컵밥도 탄생할 수 있었기 때문이다. 나는 어렸을 때부터 비보잉을 추는 댄서를 꿈꿨다. 공부는 애초에 나의 길이 아니었고 춤출 때 살아 있음을 느꼈다. 밤새 춤을 추고 낮에는 학교에서 잠만 잤다. 그러다 보니 자연스럽게 '문제아'라는 낙인이 찍혔다. 선생님들의 눈에 예쁜 학생으로 보일 리 없었고, 성적도 당연히 곤두박질쳤다. 술이나 담배는 입에 댄 적도 없었지만, 모두가 나를 불량한 학생이라고 손가락질했다. 이러한 선입견이 불편하고 힘들었지만, 그 당시 내 길은 오직 춤뿐이라고 생각했기에 크게 신경 쓰지 않았다. 학생의 본분이 오직 공부 하나뿐이라고는 생각하지 않았다. 오히려 다른 친구들보다 빠르게 꿈을 정했고, 그 길을 향해 달려가는 나 자신이 뿌듯했다. 어떻게 보면 초라하고 볼품없었던 성적표는 내 선택이 틀리지 않았다는 증거이기도 했으므로 온통 '양'과 '가'뿐인 성적표가 부끄럽지 않았다.

성적 하위 1%,
춤에 미친 문제아

남들이 문제아라고 수군거리는 것은 아무런 문제가 되지 않았다. 실제로 나는 세상이 손가락질하는 문제아가 아니었고, 부모님 역시 나를 지지하고 믿어주셨기 때문이다. 부모님은 밤낮없이 춤만 추던 내가 학교에 적응하지 못할까 봐, 무사히 고등학교를 졸업할 수 있도록 담임 선생님께 맨 뒷자리로 자리를 바꿔 앉을 수 있도록 요청하셨다. 또한 다른 학부모들로부터 "내 아들을 정훈이와 놀지 못하게 해달라"는 부탁까지 받으셔야 했지만, 단 한 번도 내 앞에서 괴롭거나 힘든 내색을 보인 적이 없으셨다. 자신의 바람과 다른 길을 가는 자식을 혼내고 다그치기보다 그저 묵묵히 지지하는 쪽을 택하신 것이다. 이제 와서 그때를 되돌아보면 부모님께도 결코 쉽지 않으셨을 순간들을 오직 자식을 위해 감내해 주셨다. 나도 다섯 아이를 양육하다 보니 부모님이 내게 보여주셨던 믿음이 얼마나 크고 깊었는지 새삼 깨닫게 된다. 아이들을 사랑하는 것과는 또 다른 차원이다.

그 당시 내게는 춤이 전부였고 실제 기획사 한 곳과 계약까지 마친 뒤 가수 데뷔를 기다리며 한껏 꿈에 부풀어 있었다. 하지만 세상은 나를 중심으로 돌지 않았다. 당연히 가수가 될 줄만 알았는데 어느 날, 기획사 매니저가 가수보다는 코미디언이 되어보는 게 어떻겠냐고 물어왔다. 평소 재미있는 유머를 좋아하긴 했어도 한 번도 생각해 보지 못한 제안이었다. 더욱이 매력적인 외모는 아니었지만, 그 당시 매니저의 말이 '내 외모'로는 코미디언은 할 수 있지만 가수는 할 수 없다고 말하는 것 같아서 자존심이 상해 기획사를 뛰쳐나오고 말았다. 춤 말고는 다른 어떤 선택지도 없었던 내게 코미디언이라니, 이게 웬 말인가. 지금에 와서 생각해 보면 내 성격과 외모를 통찰력 있게 파악한 선견지명이 아니었나 싶지만, 당시에는 너무나 충격이었다. 어린 나이에 마음의 상처를 크게 받았고, 더는 춤을 추고 싶지 않았다. 오랜 시간 만들어온 나라는 존재의 가치가 한순간에 붕 떠서 증발한 것만 같았다.

가수의 꿈을 포기하자 당장 할 수 있는 것이 없었다. 뒤늦게 수능을 준비해 보겠다고 안 하던 공부를 시작했지만, 당연히 잘 될 리 없었다. 뭐라도 하지 않으면 무력함을 견딜 수 없어서 부모님 몰래 단란주점에서 아르바이트를 시작했다. 단순히 서빙을 하는 일이었는데, 어쩐지 여느 사람들과 똑같은 방식으로 서빙하고 싶지는 않았다. 어떻게 하면 손님들이 좀 더 재밌어할까, 어떻게 하면 나를 기억할 만큼 짜릿한 경험을 만들어줄 수 있을까 고민했다. 손님 앞에서 소스를 직접 제조해 내주기도 하고, 술에 취한 손님들이 심부름을 시키면 숙취 음료까지 알아서 사 왔다. 음식과 주류를 서빙하는 짧은 순간순간에도 유머를 잃지 않으려고 노력했다. 뭔가를 바라고 한 행동은 아니었다. 그저 내가 나의 수고를 제공하는 그 순간을 좀 더 즐겁고 가치 있게 보내고 싶었고, 내 서비스를 받는 사람들이 나 때문에 웃고 행복해하는 것이 마냥 좋았다.

컵밥의 성공 노하우는 전부 아르바이트를 하면서 탄생했다고 해도 무방하다. 어렸을 때부터 장사의 기초가 무엇인지 배울 수 있었고, 가장 기본적인 서비스 마인드를 갖출 수 있었기 때문이다. 미국에 건너와서도 소위 남들이 '바닥'이라고 치부하는 곳에서 밑거름부터 찬찬히 배웠다. 그저 음식을 나르는 서빙만 하는 것이 아니라 손님들을 즐겁게 해주기 위해 마술을 독학하여 보여주기도 하고, 정식으로 배운 것은 아니지만 나름 공부를 해서 손금을 봐주기도 했다. 손님들이 웃고 행복해하면 나도 그저 기뻤다. 당연한 것을 조금만 비틀어서 다르게 봤더니 나에게도 조금씩 기회가 보이기 시작했다.

눈앞에 닥친 파도를 탈 것인가, 휩쓸릴 것인가

이 모든 것들은 사실 '나중에 내 사업을 할 거니까 지금은 그때를 위한 준비'라는 생각으로 한 것이 아니었다. 결과적으로는 나에게 큰 배움을 가져다주었지만, 그 당시에는 기왕 하는 거면 좀 더 즐기면서 열심히 잘해보자는 마음에만 집중했다. 누구나 살면서 인생의 파도를 만난다. 때로는 찰박거리는 정도의 기분 좋은 파도일 수도 있지만, 때로는 나를 통째로 삼킬 만한 위협적인 파도일 때도 있다. 불공평한 세상에서 누구에게나 공평하게 주어지는 것이 있다면, 바로 이 파도일 것이다. 인생의 파도를 만났을 때 미리미리 준비하고 대비한 사람은 파도를 자유자재로 조정할 수 있다. 그런 사람들은 파도를 올라타고 서핑을 할 수 있지만, 파도를 만나고 나서야 그때부터 부랴부랴 준비하는 사람은 이미 늦었다. 파도의 크기가 어느 만큼인지, 내가 어떤 행동을 해야 하는지 모르기 때문에 순식간에 떠밀려 잠식당하고 말 것이다.

그렇다면 계속해서 오는 파도를 어떻게 즐길 수 있을까? 파도를 타는 서퍼들은 큰 파도가 올 때마다 두려워하거나 불안해하지 않는다. 오히려 작은 파도가 오면 실망하고, 근사하게 자신의 실력을 뽐낼 수 있는 큰 파도를 기다린다. 그리고 만족할 만한 파도가 왔을 때, 그 순간에 집중하여 스릴을 즐기며 감사해한다.

나라고 어떻게 내 미래를 예언할 수 있었을까? 대한민국 최고의 춤꾼이 되겠다면서 춤에 미쳐 있었지만, 결국 가수의 삶을 포기하고 단란주점과 식당에서 서빙을 하며 돈을 벌어야 했다. 꿈이 좌절됐다고 해서 미래를 비관하며 살았다면 컵밥은 언감생심이고, 인간 송정훈의 삶 역시 어땠을지 상상도 할 수 없다. 결국 어떠한 환경일지라도 그 순간 내가 할 수 있는 일에 집중하는 태도가 정말 중요하다. 나 역시 바닥에서부터 쌓은 기본기 덕분에 어디서든 즐겁고 성실하게 일할 수 있는 태도를 배울 수 있었다.

컵밥에서 함께 일할 지원들을 뽑을 때도 가장 먼저 평가하는 덕목이다. 그저 활발하고 유쾌한 사람이 아니라, 내가 얼마나 진심으로 이 일을 대하고자 하고 관심이 있는지를 우선적으로 본다. 나는 "위치가 사람을 만든다"라는 말을 그다지 좋아하지 않는다. 틀린 말은 아니라고 생각하지만 일의 위치가 아니라, 그 일을 대하는 자세와 태도가 사람을 만든다고 믿는다. 그래서 단란주점이나 식당을 전전하며 일했던 시기가 전혀 부끄럽지 않다. 그 시간들을 통해 컵밥을 만들고 운영할 수 있는 아이디어를 잔뜩 얻었으니 오히려 돈을 주고서라도 갖고 싶은 감사한 경험이다.

그렇게 20대 중반이 되었다. 인생의 특별한 돌파구를 찾겠다는 거창한 바람 같은 건 있지도 않았다. 군대를 제대했을 무렵, 부모님께서 미국 유학을 권하셨다. 평범한 우리 집 형편에 기본적인 영어조차 모르는 내가 미국 유학이라니, 자신이 없었다. 그래서 처음에는 딱 6개월만 있어 보고 답이 없으면 그냥 돌아오자는 생각이었다. 당장 어떤 일을 하겠다거나, 무엇이 되고자 하는 목표가 없었던 나는 딱히 뭔가를 배워 오겠다고 떠난 건 아니었다. 미국으로 향하는 내 두 손에는 왕복 비행기 티켓과 캐리어 하나뿐이었다. 부모님께서 정 안 되면 돌아오라며 손에 쥐어주신 6개월짜리 왕복 티켓을 들고 떠났던 내가 지금은 미국에서 결혼을 하고 다섯 아이를 키우며 사업을 하고 있다.

컵밥을 운영하면서 과감하게 결단을 내리고, 직원들에게도 생각은 그만하고 일단 해보자고 권하는 나는 사실 섣불리 무모한 도전을 하지 않는다. 2.4평의 작은 푸드 트럭 한 대로 시작해서 그야말로 큰 목표를 이룬 나를 보며 사람들은 '모험가'라고 평가하지만, 나는 무리한 위험보다는 내가 할 수 있는 일을 하고자 하는 사람에 가깝다. 그럼에도 여전히 내 말에 동의할 수 없다면 그것은 내가 일을 대하는 마음가짐이 타인과 조금 다르기 때문이리라. 다른 사람들에게는 도저히 실현 불가능하고 뜬구름 같은 일이 내게는 한번 해볼 만한 시도이자 도전이기 때문이다.

돈도 백도 실력도 없다면

앞서 고등학교 성적표를 잠시 언급했었다. 죄다 '양' 아니면 '가'뿐인 내 성적표 말이다. 언젠가 모교에서 강연 요청을 받았을 때 학교에 찾아가서 성적표를 떼 달라고 한 적이 있다. 처음에는 심드렁하게 대꾸하던 행정실 직원이 내 성적표를 보더니 "풋" 하고 웃음을 터트렸다.

"도대체 이 성적표는 어디에 쓰실 거예요?"

어딘가에 자랑할 만한 성적은 결코 아니다. 아니, 보

통 사람이라면 감추고 싶은 부끄러운 성적표가 아닐까. 하지만 난 그날 성적표를 떼어 들고 가서 한 모교 강연에서 보란 듯이 학생들에게 말할 수 있었다.

"고등학교 성적 하나가 여러분의 인생 전부를 정의할 순 없습니다."

지금이야 미국에서 산 지도 10년이 훌쩍 넘었고, 내 사업도 운영하고 있으니 의사소통에 무리가 없지만, 맨 처음 미국행을 선택했을 때는 모교 영어 성적이 증명하듯 말 그대로 단 한마디도 못 했다. 아무리 그래도 공교육을 받았으니 최소한 인사 정도는 할 수 있지 않냐고? 천만의 말씀. 주변 친구들이 보통 한국 사람들은 랭귀지 수업도 기본적으로 레벨 3단계부터라고 해서 안심하던 것도 잠시, 레벨 테스트를 위한 작문 시험에서 "I have a family. Dad, mom, sister, and me(전 가족이 있습니다. 아버지, 엄마, 누나, 그리고 나)." 이 한 문장으로 한국 사람 역사상 가장 낮은 점수를 받고, 레벨 1단계 수업에 들어갔다. 그런 수준의 학생들이 모인 수업에서는 요즘 초등학생들도 박장대소할 진풍경이 펼쳐졌다. 나와 비슷한 외국인 친구가 나와 대화를 해보겠답시고 말을 걸어왔다.

"What time is your name(너의 이름은 몇 시야)?"

아마도 내 이름을 묻고자 했던 것 같다. 아니면 시간이 궁금했을까? 지금으로서는 도저히 알 길이 없지만, 어쨌든 가만히 듣고 있으니 질문이 좀 이상하긴 한데 그 당시 나는 정확히 뭐가 이상한지 파악하지 못한 채 다음과 같이 대답했다.

"My name is 9 o'clock(내 이름은 아홉 시야)."

이렇게 엉망진창이었으니 의사소통이 제대로 이어질 리 있겠는가. 그래서 학원에서 수업을 받고 기숙사에 돌아오면 그때부터 나만의 묵언 수행이 시작됐다. 학원에서도, 기숙사에서도, 밖에 나가서도 온통 이해할 수 없는 말뿐이니 자연스럽게 내 입도 닫힐 수밖에 없었다.

나와의 싸움이
시작되다

나는 가만히 앉아 있는 걸 워낙 못해서 컴퓨터 게임도 하지 않는다. 가상 현실에서 좀비에게 총을 쏘느니 장난감 총을 가지고 밖으로 나가서 몸을 부딪치며 총싸움하는 쪽을 택하겠다. 학창 시절부터 온갖 무대에 서서 춤을 추며 에너지를 발산했던 내가 미국에 와서는 말 한마디 못하는 꼴이라니, 어디 가서도 주눅 들지 않고 넉살 좋기로 유명했던 내가 어쩌다 이렇게 됐을까. 오죽하면 기숙사에서 함께 살던 미국인 친구들이 나에게 조심스럽게 "정훈, 혹시 너는 말을 못 하는 거야?" 하며 물어본 적도 있었다. 맨몸으로 무작정 부딪쳐가며 대화를 하는 것도 최소한의 기초 실력이 갖추어져 있을 때

나 할 수 있다는 사실을 그제야 알았다. 그렇게 입을 닫고 생활한 지 한 달쯤 지났을까. 문득 6개월 후 돌아가는 일정의 비행기 티켓이 눈에 들어왔다. 그때 퍼뜩 정신이 들었다. 이렇게 입을 닫고 방 안에서 누워만 있으려고 온 것이 아니었는데. 뭐라도 해야 한다는 생각에 매일 밤 한국행 왕복 티켓을 손에 쥐고 자던 나는 일단 무조건 집 밖으로 나서기 시작했다. 학교 친구들을 사귀었고, 같이 수업 듣던 학생들과 내 유일한 장기인 춤을 함께 연습해서 발표도 하는 등 몸을 움직이기 시작했다. 그렇게 시간이 흘러 엉망진창이던 나의 영어가 남이 듣기에도 썩 이해가 될 때쯤 한식당에서 서빙을 시작했다.

성격상 언어가 안 된다고 해서 얌전히 고기만 구울 수는 없었다. 부족한 영어 실력이지만 어떻게든 조금씩 말을 걸어보고, 고기가 구워지는 동안 손님들을 즐겁게 해주기 위해 고민했다. 원래 소심한 성격은 아니었지만, 나라고 어째서 겁나지 않고 떨리지 않았을까. 게다가 언어 문제와 동양인이라는 핸디캡까지 있었다. 하지만 원하는 게 있으면 끝까지 해서 쟁취해야 하는 성격 때문에 유타 생활에 조금씩 적응해 갈 수 있었다. 실패가 아니라 나는 조금 미숙했을 뿐이었다. 일단 마음을 먹었으면 바로 행동에 옮긴 덕분에 서비스업을 좋아하며, 심지어 적성에 맞는다는 사실을 알 수 있었다. 나는 타고난 금수저도 아니었고, 공부를 잘해서 명문 대학교를 나온 것도 아니었다. 하지만 거기서 그냥 체념하고 안주하지도 않았다. 다른 사람들과 같은 출발선이 아니래도 상관없었다. 애초에 그들은 나의 비교 대상이 아니었다. 내가 싸워야 할 사람은 오직 나뿐이었다. 조금 늦더라도 한 발자국 움직여 나가기 시작했다면 그때부터 짜릿한 나와의 싸움이 시작되는 것이다.

아는 만큼
보인다

나의 첫 사업은 식당에서 아르바이트를 하면서 얻은

아이디어에서 시작됐다. 당시 대부분의 식당에서는 자체 쿠폰을 만들어 발행하고 있었는데, 가게마다 쿠폰의 성격과 내용이 전부 다르다 보니 보관하기도 번거롭고 중구난방이었다. 그때 문득 이런 생각이 들었다. '이 쿠폰들을 하나로 통합해서 어디서든 할인받을 수 있다면 어떨까?' 그 길로 한국에 수소문을 해서 'VIP'라고 쓰여 있는 플라스틱 카드를 만들었다. 원가 120원짜리 카드의 이름은 내 별명을 따서 '고릴라 VIP'라고 지었다. 그리고 일일이 지역의 식당들을 찾아다니면서 계약을 맺었다. 식당 주인들은 직접 광고를 하는 등의 수고로움을 덜 수 있으니 관심을 보이기 시작했다. 그렇게 400여 군데에 가까운 식당들과 협약을 맺었다.

식당과의 계약이 어느 정도 완료되었으니, 이제는 할인 카드를 선불로 살 고객을 찾아야 했다. 어떻게 하면 대량으로 팔 수 있을까 고민하다가 식당을 가장 많이 이용하는 고등학교와 대학교 미식축구 팀에 무작정 찾아갔다. 그리고 학생들에게 카드 한 장을 팔면 소액의 수수료를 떼주겠다고 제안했다. 게다가 학생들이 좋아하는 아이패드를 경품으로 걸었더니 무려 혼자서 180장을 판 학생도 있었다. 쿠폰 제휴 사업 덕분에 훗날 푸드 트럭이라는 아이디어를 얻을 수 있었고, 컵밥을 넓혀 나갈 수 있었다. 또한 이때 인연을 맺었던 분들의 도움도 많이 받았다.

한창 고릴라 VIP 사업에 매진할 무렵, 지인의 초대로 유타에서 열린 푸드 컨벤션에 방문할 기회가 있었다. 서비스업이 적성에 맞는다는 사실을 깨닫고 요식업에도 관심이 많았던 때였기에 기꺼이 방문하기로 했는데, 그때 얻은 컨벤션 티켓이 내 인생을 송두리째 바꿔줄 황금 티켓이 될 줄은 그 당시에는 전혀 몰랐다. 넓은 컨벤션 센터 안은 온갖 종류의 음식들로 가득했다. 전 세계의 음식들을 모두 모아놓은 것 같았다. 평소 즐겨 먹는 음식에서부터 난생처음 보는 아프리카 음식까지 있었다. 그런데 놀랍게도 한국 음식은 어디에도 없었다. 미국에서도 코리안 바비큐나 불고기 정도는 꽤 알려져 있었는데 어째서 한식이 없을까 의아했다. 베트남과 인도, 심지어 아프리카에서도 자기 음식을 알리기 위해 유타에 와 있는데 괜히 서운하고 자존심이 상했다. 언젠가는 내가 꼭 유타에서 한국 음식을 팔아야겠다는 생각을 어렴풋이 해보기도 했다. 집에 돌아와서도 컨벤션에서의 시간들이 잊히지 않았다. 침대에 누웠지만 잠도 오지 않을 만큼 강한 여운이 계속해서 맴돌았다. 온갖 나라의 음식들이 깔려 있는데 왜 한식만 없었던 걸까?

당시 우리와 협약을 맺은 가맹점들 중에는 개별 식당뿐만 아니라 대학교 캠퍼스 안에 있는 구내식당들도 있었다. 유타 대학교의 구내식당도 그중 하나였는데, 식당들과만 계약을 할 것이 아니라 학교 안에 있는 푸드 트럭에도 접촉해 보기로 했다. 그래서 유타 대학교에 방문해 푸드 트럭을 찾아갔고, 그중 가장 인기가 많았던 푸드 트럭 세 대와 멤버십 계약을 약속했다. 그날 오후,

며칠 전 다녀왔던 컨벤션이 떠오르면서 푸드 트럭과 연결이 되더니 머릿속에서 오래 고민했던 퍼즐이 맞춰지는 것처럼, 딱 맞아떨어지는 느낌이 들었다.

그러자 심장이 빠르게 떨리고 흥분되기 시작했다. 옆에 있던 아내에게 떨리는 목소리로 물었다. "우리 한식으로 푸드 트럭을 운영해 보면 어때?" 갑자기 뜬금없이 나온 아이디어는 아니었다. 카드 제휴 사업을 하면서 나만의 식당을 차리고 싶다는 생각을 수없이 해왔다. 가맹을 맺기 위해서 수백 군데가 넘는 식당들을 찾아다니고, 각 식당의 장단점을 파악하다 보니 어느덧 어디서도 구할 수 없는 나만의 데이터베이스가 쌓여 있있나. 아무런 준비 없이 무책임하게 말하지 않는 내 성격을 잘 알기에 아내도 처음에는 놀랐지만, 곧 가장 든든한 지지자이자 동업자가 되어주었다.

내가 싸워야 할 사람은 오직 나뿐이었다.

조금 늦더라도 한 발자국 움직여 나가기 시작했다면

그때부터 짜릿한 나와의 싸움이 시작되는 것이다.

시작하면
비로소 시작된다

한국 음식을 푸드 트럭에서 팔겠다는 아이디어는 아주 사소한 계기에서 시작됐다. 어느 날, 하루 종일 세일즈를 하고 피곤에 절어 텔레비전을 켰다. 나의 오랜 취미 중 하나는 다큐멘터리를 보는 것이다. 사람 사는 이야기들을 통해 나도 모르게 따뜻한 위안과 위로를 얻게 되는 경험을 한 후부터 지금도 시간이 날 때마다 짬을 내서 다큐멘터리를 찾아보곤 한다. 그날도 무심코 채널을 돌리다가 어느 프로그램에서 노량진의 컵밥을 다루는 내용이 방송되고 있었다. 당시 노량진 길거리의 명물이었던 컵밥이 워낙 인기가 많아지자 너도나도 노점을 차려 장사를 했는데, 상가세를 안 내는 노점이 많아지자 인근 가게들이 문제를 삼아 찬밥 신세를 받고 있다는 내용이었다. 방송에 나오는 컵밥은 공부하는 학생들이 싼값에 영양소를 충분히 섭취하며 먹을 수 있는 훌륭한 한 끼 식사처럼 보였다. 싸고 맛있고 빠른 데다가 사람들이 좋아하는데 그대로 묻히기에는 아무래도 너무 아까웠다.

컵밥의 몰락이 안타까웠지만, 당시 목구멍이 포도청이었던 내게는 그저 남의 이야기일 뿐이었다. 그렇게 머릿속에서 노량진 컵밥은 새까맣게 지워졌고 나는 다시 내 일에 몰두했다. 그러다가 컨벤션에 다녀오고 푸드 트럭의 가능성을 확인하고 나서, 컵밥이 다시 떠오른 것이다. 당시 한식당에서 파는 한국 음식은 다양한 반찬이 푸짐하게 나오는 한상 차림이 대부분이었다. 좁은 푸드 트럭에서 시간도 오래 걸리고 품도 많이 드는 정식 메뉴를 팔 수는 없었다. 그렇다면 간단하게 한 끼 식사를 해결할 수 있고 빠르게 낼 수 있는 컵밥을 푸드 트럭에서 팔아보자는 결론에 이르렀다. 다큐멘터리를 볼 때만 해도 그저 남의 상권이자 남의 이야기였던 컵밥이 마치 운명처럼 내게 다가왔고, 한식 푸드 트럭이라는 사업 아이템으로 탄생했다.

기회는
준비된 자에게만 보인다

사업을 시작하면서 힘들지 않은 적은 한순간도 없었다. 하지만 힘들다는 말이 괴롭거나 불행하다는 말과 동의어는 아니었다. 몇백 개의 식당을 일일이 돌아다니면서 세일즈를 하는 것은 결코 쉽지 않았다. 저녁도 제대로 못 먹고 또다시 집을 나서는 나를 위해 셋째를 임신한 아내가 기꺼이 운전기사를 자청하며 동행해 주었고, 놀러 가는 줄 알고 신나서 뒷좌석에 올라타 노래를 부르며 응원해 준 아이들이 없었더라면 결코 버티지 못했을 것이다. 그뿐만 아니라 수많은 식당을 방문하면서 단순히 제휴 사업에만 신경 쓴 것이 아니라, 성공한 식당들의 비법을 벤치마킹하며 계획하지 않았다면 컵밥이라는 기회를 잡기는커녕 눈에 보이지도 않았을 것이다. 우리는 각자의 자리에서 열심히 일하면서 또 다른 기회를 늘 찾고 있었다. 실행력은 어느 날 갑자기 생기지 않는다. 기회가 오는 순간을 보기 위해 부단히 노력하고, 기회가 보였을 때 단순히 생각만으로 그치지 않고 실행으로 옮겨야 한다. 그렇게 컵밥이라는 기회가 우리에게 다가왔고, 우리는 기회를 놓치지 않고 잡았다.

빠른 추진력의 비밀

가끔씩 어떻게 하면 그렇게 빠르고 강단 있게 선택하고 결정을 내릴 수 있느냐는 질문을 받는다. 그리고 실패가 두렵지는 않은지에 관한 질문이 이어진다. 나도 당연히 실패가 두렵다. 실패라고 생각하면 본능적으로 두렵기 때문에 누구나 주저하고 머뭇거리게 된다. 그래서 나는 '실패'라는 단어를 입에 잘 내지 않는다. 내게 추진력은 용기라기보다 삶을 대하는 자세와 더욱 깊은 관련이 있다. 모든 사람에게 해당하는 것은 아니겠지만 한국과 미국에서의 삶을 비교해 보자면, 특히 한국 사람들은 자기 계발에 굉장히 열심이다. 그리고 '완벽'에 대한 강박적인 자세를 갖고 있는 듯하다. 온갖 강연을 다 찾아다니며 공부한다. 스포츠를 배우겠다고 다짐하면 일단 책이나 유튜브 등에서 미리 이론을 싹 숙지한다. 그러고는 본격적으로 시작하기도 전에 장비부터 완벽하게 갖춘 뒤, 한 달 배우고 끝나는 경우가 많다.

내 경우를 예로 들어보자면, 스노보드를 배우기로 결심했을 때 내게는 전용 방한복이 따로 없었다. 물론 근사하게 장비를 갖추면 더 좋았겠지만, 스노보드와 장갑만 있으면 스노보드를 타는 데 아무 문제가 없으니 무작정 어딘가 올라가 일단 타보기 시작했다. 제대로 배우지 않았으니 당연히 여러 번 넘어졌지만, 포기하지 않고 다시 올라가서 또 그냥 타보기를 반복했다. 그렇게 스노보드 타기가 익숙해질 때쯤엔 나만의 기술과 적당한 페이스가 만들어졌다. 일단 해보자던 작은 도전에서 얻은 그 짜릿함으로 인해 스노보드는 젊은 날 내가 가장 사랑하는 스포츠가 되었다. 나는 무언가를 배우고 싶거나 하고 싶을 때면 남들이 보기에 무식하게 느껴질 정도로 일단 해본다. 그렇다고 완벽주의나 미리 준비하는 자세를 폄하하는 것은 아니다. 하지만 준비가 될 때까지 한없이 기다리기만 하다가 정말 중요한 순간을 놓치는 경우를 너무나 많이 봐왔다. 하루하루가 지날 때마다 하지 말아야 할 이유들이 자꾸만 생겨나기 때문이다.

나 역시 한식 푸드 트럭을 열겠다는 다짐을 하고 나서 완벽하게 준비하겠다는 명분으로 차일피일 지냈다면 영영 사업을 시작하지 못했을지도 모른다. 도대체 완벽이라는 기준은 누가 어디에서 세워주는 걸까? 다시 돌아와 이야기하자면, 내 추진력의 비밀은 다른 사람들에 의해 좌지우지되는 것이 아니라, 내가 직접 하기 때문에 실패도 성공도 모두 내 탓(혹은 내 덕분)이라는 삶의 태도에 있다. 나는 내가 불완전한 인간임을 늘 명심하면서 완벽하고 싶다는 욕심을 내려놓는다. 그리고 느리고 다소 미숙하더라도 한 발 한 발 나아가는 것이다. 그렇게 그냥 걸어가다 보면 어느 순간에 보이는 것이 있다. 그리고 결국 내가 원하는 지점에 도달할 수 있었다.

자기 계발 강연도 좋고, 책이나 유튜브 모두 좋다. 다만 거기서 끝내지 말고 내 생활 반경까지 옮겨 와서 실천해야 한다. 한국에서 강연 섭외가 자주 오는데, 특히 젊은 청년들에게 귀감이 되는 이야기를 해달라는 요청이 많다. 내가 무슨 강연인가 싶다가도, 획일화된 라이프 스타일과 무기력한 사회 구조 안에서 조금이나마 용기를 얻고 힘을 내길 바라는 마음에 결국 수락해서 몇 번을 무대 앞에 선 적이 있다. 강연을 하면서 젊은 친구들과 이야기를 나누다 보면 공통적으로 나오는 주제가 결혼이다. 나이도 꽤 찼고, 애인도 있는데 결혼을 안 한 친구들이 한결같이 하는 말이 있었다. "준비가 아직 안 됐어요." 그럴 때마다 나는 이 재밌고 신나는 걸 왜 혼자 하려고 하냐고 묻는다. 그리고 도대체 얼마를 모아야 '준비'가 된 것인지 물어보면 대개 신문에서나 보던 사회적 평균과 기준들을 언급하긴 하지만, 그들도 답을 모르긴 마찬가지다.

결혼을 해서도 마찬가지다. 불완전한 두 사람이 모여 불완전한 가정을 만들었으니 갈등이 생기고 싸우는 것이 당연하다. 다만 건전하고 올바른 방식으로 조율해 갈 뿐이다. 그렇게 서로를 조금씩 더 깊이 알아가며 삶의 단계를 함께 넘어가면 된다. 모든 선택이 100%가 될 수는 없다. 나 역시 수시로 잘못된 결정을 내린다. 하지만 단 한 번도 내 결정을 후회해 본 적은 없다. 잘한 선택으로 귀결된다면 너무나 기쁘고 신나는 일일 테고, 잘못된 선택이라면 다음에는 또 다른 선택을 하면 된다. 일단 뭐가 됐든 한번 해보는 거다. 내 선택의 책임 또한 내가 진다는 마음가짐만 있다면 그다음부터는 앞으로의 모든 과정을 통해 조금씩 나아질 거란 자세로 포기하지 않겠다는 다짐만 있으면 된다. 내 선택으로 어떻게 세상을 바꿀 수 있을까, 어떤 결과가 펼쳐질까 상상하면 오히려 내 미래가 설레지 않는가.

실행력은 어느 날 갑자기 생기지 않는다.

기회가 오는 순간을 보기 위해 부단히 노력하고,

기회가 보였을 때 단순히 생각만으로 그치지 않고

실행으로 옮겨야 한다.

새로움 안에서 찾는 익숙함

한식 푸드 트럭이라는 아이템이 확정되었고, 이제 메뉴 개발을 해야 했다. 하지만 뼛속까지 토종 한국인 남자가 미국인들의 입맛을 맞추기란 여간 쉬운 일이 아니었다. 일단 간단하고 빠르게 먹을 수 있는 컵 음식이라는 기본 골조는 정해졌다. 그 안에 어떤 재료를 조합해서 어떤 음식을 만들어야 할까? 당시 고릴라 VIP 사업을 병행하고 있었기에 일이 끝나고 밤이 되어서야 메뉴 개발에 몰두할 수 있었다. 참으로 지난한 시간이었다.

수많은 고민의 밤을 보낸 후 컵밥의 방향이 정해졌다. 미국에서 가장 인기 있는 프랜차이즈 브랜드들의 성공 요인도 참고했다. 그렇게 정리된 세 가지 방향은 인앤아웃의 '심플함', 지미존스의 '30초 전략', 그리고 서브웨이의 '다양한 소스'였다. 애초에 컵밥의 전략은 철저한 현지화였다. 아시안 타깃은 아예 생각도 하지 않았고 오직 미국 사람들의 입맛에만 신경을 썼다. 우리가 음식을 팔고 돈을 받아야 하는 대상은 그들이었기 때문이다. 나는 누구보다 전통적인 것을 좋아해서 아이들과 한국을 찾으면 무조건 시장부터 들러 하루 종일 시간을 보내는 사람이지만, 컵밥만큼은 예외였다. 전통적인 것은 일단 다 빼고 무조건 현지인들이 좋아하는 요소를 넣어보기로 했다.

철저한 현지화 전략을 고수하다

우리는 전문 요리사가 아니었기 때문에 말 그대로

홈 메이드 스타일의 레시피로 시작했다. 한국에서 요리사로서 오랜 기간 요리를 한 지인을 통해 맛있는 레시피를 전수받기도 했지만, 역시 현지의 재료가 다르니 같은 맛이 나올 리가 없었다. 이미 한국적인 맛에 익숙해져 있었기에 미국인들이 좋아할 만한 요소들을 이해할 필요가 있었다. 문화 간의 차이를 이해해 가며 맛을 구현해 내는 것은 역시 한국에서 맛있는 요리를 만들어 온 경력 있는 셰프라고 해도 결코 쉬운 일이 아니다.

중화요리를 베이스로 한 '판다 익스프레스'에 가보면 실제로 중국인들은 거의 없고 죄다 미국인들뿐이다. 멕시코 요리를 선보이는 치폴레 역시 매장 안에 멕시코 사람들은 없다. 우리는 우리의 한식을 일종의 이유식이라고 생각하기로 했다. 아직 딱딱한 음식을 씹어 삼키지 못하는 아기들이 제대로 된 식사를 하기 전 입문으로 거치는 이유식 말이다. 미국인들이 기본적으로 좋아하고 공감할 수 있는 맛은 무엇일까? 전통 한식을 기반으로

하되 미국인들이 좋아할 만한 요소는 무엇이 있을까? 처음 사업을 시작할 때, 이러한 질문들로 시작해 지금에 이르러서는 컵밥은 한식의 입문과 같은 역할이라는 정의에 이르렀다. 컵밥에 입문한 후에 다양한 전통 한국 음식들을 시도해 볼 수 있게끔 하는 창구와 같은 역할 말이다. 컵밥을 먹고 한식에 매료된다면 언젠가는 수육이나 청국장을 먹을 수 있을지도 모른다. 그러니 미국인들이 영아 입맛에서 유아 입맛으로 나아갈 수 있게 하는 역할을 컵밥이 해보기로 한 것이다.

세계적인 기업인 맥도날드의 성공 요인을 살펴보면 현지화 전략의 비중이 굉장히 크다. 한국 맥도날드는 한국인에 입맛에 따라 메뉴들을 조금씩 다르게 변형하여 판매할 뿐 아니라, '진도 대파 버거', '창녕 갈릭 버거' 등 특정 지역과 손잡은 프로모션을 매년 적극적으로 진행하고 있다. 그에 반해, 실패한 브랜드들의 사례를 보면 현지화에 실패했다는 공통점이 있었다. 그렇다면 무조건 우리의 전통적인 것에 주목할 것이 아니라, 베이스는 한식이되 거기서 어떻게 변형하면 미국인들이 좋아할 것인지 고민해야 했다.

요즘 유튜브를 보면 머리가 노랗고 눈이 파란 외국인들이 한국 소스를 활용해 음식을 해 먹는 영상을 흔하게 찾아볼 수 있다. 특히 인기가 많은 채널을 자세히 보면 전통적인 한국 음식이라기보다 자기만의 색깔을 집어넣은 퓨전 요리에 가깝다. 비슷한 사례로, 한국에서 먹은 쌀국수가 너무 맛있어서 베트남에 가 현지 음식을 맛봤는데 향신료가 너무 이질적이어서 반도 채 먹지 못하고 남기는 사람들도 있다. 결국 어떤 산해진미가 됐든 음식은 먹는 사람의 입맛에 맞는 것이 가장 중요했다.

**쓰레기통에서
찾은 메뉴**

어떤 쌀을 써야 할지, 어떤 소스를 넣을지 하나부터

열까지 모든 것이 새로운 도전이었다. 기본적으로 한식을 모티프로 삼았지만, 한국 사람들이 실제로 맛을 보면 "이게 한식이라고?" 하며 고개를 갸우뚱하기도 했다. 찰기가 많은 한국의 쌀은 소스와 잘 섞이지 않아서 안남미와 섞어 적당한 찰기를 완성했고, 소스 역시 한국식 전통 소스는 아니지만, 최대한 한국의 맛을 잃지 않도록 최적의 비율을 찾기 위해 노력을 거듭했다. 우리의 타깃은 한국인이 아닌 미국인(혹은 오래전에 미국에 정착하여 살아가는 사람들)이었기에 그들이 원하지 않는 전통 한국 음식은 의미가 없었다.

초반에는 오해도 참 많이 샀다. 한식, 한식 그렇게 외치더니 정작 컵밥에서 한국의 맛이 느껴지지 않는다는 평가였다. 메뉴에 잡채라고 하더니 버섯이나 시금치는 없고 당면과 당근만 있다면서 제대로 된 한식이 아니라고 했다. 잡채에 각종 채소를 뺀 것은 재료비를 아끼기 위해서나 제대로 된 한식을 시도하지 않아서가 아니었다. 처음에는 신기해서 컵밥을 사 먹던 사람들이 몇 입 먹더니 이내 쓰레기통에 던져 버리는 것을 목도했다. 얼마나 오래 고민해서 개발한 메뉴인데 속상한 마음에 쓰레기통을 뒤져서 어떤 재료들을 버렸나 일일이 확인했다.

미국 사람들이 태어나서 한 번도 먹어본 적 없는 메뉴를 먹게 하고, 다음에 또 먹게 하고, 계속해서 먹게 하려면 우선 단순화해서 익숙해지도록 만들어야 했다. 우리 전통 잡채에는 버섯과 시금치 같은 채소가 필수이지만 미국 사람들에게는 향과 식감이 너무 강해 기피하는 재료였다. 좋다, 그렇다면 빼자. 그렇게 해서 살아남은 것이 당면과 당근, 양파였다. 결코 비용을 줄이려는 의도가 아니라 고객이 가장 좋아하는 것만 남긴 최적의 메뉴였다. 처음에는 내 자식 같은 메뉴들을 몇 입 먹지도 않고 쓰레기통에 버리는 고객들이 원망스럽기도 했다. 하지만 온갖 오물로 가득한 쓰레기통을 뒤져가며 보완

하고 또 보완한 덕분에, 일급 셰프도 구현하지 못한 최적의 메뉴가 만들어질 수 있었다.

두려움과
설렘의 시간들

사업 계획은 일사천리로 진행됐지만, 자금이 부족했다. 아무리 돈을 긁어모아도 투자할 수 있는 금액은 단돈 15,000달러, 우리 돈 약 2,000만 원이었다. 최대한 위험 요소를 줄이고, 리스크를 감당할 수 있는 선에서 세 명의 동업자가 투자금을 모으니 대략 45,000달러, 우리 돈으로 약 5,000만 원이 만들어졌다. 이제 더는 미룰 수 없었다. 온 가족의 생계가 걸려 있는 일이었다. 필요한 서류 작업과 구비해야 할 물품을 동시다발적으로 준비했다. 푸드 트럭을 운영하기 위한 리스트도 하나씩 작업해 나갔다. 전문 용어들을 접할 때마다 언어 장벽에 부딪쳤지만 낙담할 여유가 없었다. 두려워할 시간도 없었다. 이제는 정말로 실전이었다.

첫 영업은 바로 거리로 나가는 것이 아니라 케이터링 행사로 결정했다. 100명이 넘는 고등학교 선생님들에게 점심을 제공하는 자리였다. 이 행사를 따내기 위해 무작정 고등학교를 찾아가 교장 선생님께 공짜로 밥을 해주겠다고 제안했다. 가정용 그릴을 가져가서 회의실 안에서 닭꼬치를 구우며 컵밥을 홍보했고, 우리의 무모하지만 끝없는 열정에 감동받은 학교 측에서 의뢰해 준 것이었다. 이날을 위해 몇 날 며칠을 살았다고 해도 과언이 아니었다. 사장 셋에 각자의 아내들까지 모두 여섯 명이 출동해서 100명이 넘는 고객들을 서빙했다. 성공적으로 첫 영업이 끝났지만 케이터링 행사와 실제 장사는 다를 것이기에 한순간도 긴장을 늦추지 않았다.

푸드 트럭의 특성상 몇백 인분의 밥을 안치고 고기를 볶고 소스를 준비해야 하는데 그때마다 늘 마음 한구석이 불안했다. "이 재료들을 다 팔 수 있을까?" 아무리 현지화 전략으로 미국인들의 입맛에 맞는 메뉴를 개발했다지만, 여전히 그들에게는 너무나 생소한 한국 음식으로 호객할 생각을 하니 걱정이 앞서기도 했지만, 그보다는 설렘이 더 컸다. 매일 아침 눈을 뜨는 게 설렐 정도였다. 열심히 준비했으니 우리가 예상한 것과 다른 결과가 나온다면, 다음에는 다른 방법으로 시도하면서 조금씩 앞으로 나아가면 될 일이었다.

매일이
실패의 연속

한식 푸드 트럭이라는 콘셉트에 자신이 있었다. 이전의 케이터링 행사들을 통해 메뉴에 대한 확신도 충분했다. 카드 제휴 사업을 하면서 아주 작은 식당들까지 하나하나 찾아다니며 일일이 성공 요인을 분석하고 통계를 만들며 내 가게를 꿈꿨다. 미국에서 성공한 프랜차이즈들의 비법을 찾아 어떻게 컵밥에 적용시킬 수 있을지 고민했고, 각자의 일이 끝나면 밤마다 동업자들과 머리를 맞대고 메뉴를 개발했다. 내 인생은 물론, 가족의 생계가 걸린 일이었기에 그야말로 죽기 살기로 덤볐다.

미국인들도 시골이라고 생각하는 서부의 유타에 한국인 세 명이서 푸드 트럭을 몰고 한식을 팔러 왔다. 이제는 정말로 되돌릴 수도 없는 실전이었다.

여러 푸드 트럭들 옆에 컵밥 트럭도 나란히 섰다. 우리 옆 트럭은 가장 인기가 많은 와플 트럭이었다. 쓱 보기만 해도 100명은 넘어 보이는 사람들로 줄이 길게 늘어서 있었다. 반면 우리 트럭에는 기껏해야 한두 명뿐이었다. 분명 케이터링 행사나 컨벤션 안에서는 모두가 놀랄 만큼 환호하며 컵밥을 먹었는데 어떻게 된 걸까. 왜 사람들이 모이지 않지? 2.4평의 트럭 안에서 마냥 앉아만 있어 보지 않았다면 그때 느꼈던 절망과 우울은 결코 이해할 수 없을 것이다. 콘셉트와 메뉴에 대한 자부심이 있었고, 반드시 잘 될 것이라는 확신이 있었기에 큰 성공을 거두고 금방 부자가 될 줄만 알았다. 그런데 막상 우리를 전혀 모르는 곳에 와보니 상황이 심각했다. 이대로 가다가는 새벽부터 준비한 몇백 인분의 재료를 통째로 버릴 판이었다. 그렇다고 해서 가만히 장사가 잘되는 트럭들을 부러워하고만 있을 수 없었다. 그건 나답지 않으니까!

안 팔린다고?
춤이나 추자!

부러우면 지는 거다. 무엇보다 우리가 즐거우면 그만 아닌가. 기분이 가라앉는 걸 용납할 수 없었던 나는 함께 일하는 사람들과 '가위바위보'를 해서 진 사람이 가장 매운 소스를 먹는 게임을 하기 시작했다. 진 사람이 매운 소스를 먹은 뒤 트럭 안에서 방방 뛰기 시작하자 하나둘씩 사람들이 '안에서 도대체 뭘 하는 거지?' 궁금해하면서 힐끔힐끔 쳐다보기 시작했다. 그것을 본 나는 놓치지 않고 "사람들이 쳐다본다! 더 뛰어, 더 뛰어!" 하면서 다 함께 트레일러 한쪽에 가서 방방 뛰었다. 그러자 지켜보던 사람들이 한두 명씩 우리 트럭 앞에 줄을 서기 시작했다.

고등학교 때부터 비보이로 활동했기에 춤 하나는 자신 있었다. 미국에서, 그것도 푸드 트럭 앞에서 다시 춤을 추게 될 줄은 상상도 못했지만, 컵밥을 위해서라면 내가 못 할 일은 없었다. "I SAY CUP, YOU SAY BOP(내가 컵을 외치면 당신은 밥을 외쳐요)!"을 목이 터져라 외치며 춤을 추자, 손님들이 10명에서 20명, 30명으로 늘어나더니 더 이상 셀 수 없을 만큼 많은 사람들이 몰려들었다. 그때까지만 해도 영어를 잘 못하던 때라 딱히 할 말이 없어서, 내가 할 수 있는 말만 했다. 문법이나 단어도 엉망진창이었지만 재밌었는지 모두가 나를 따라 말했다. 처음에는 그저 낯선 나라에서 온 외국인들이 파는 외국 음식이었지만 점차 놀이가 되었다. 지금의 컵밥은 거기서부터 시작되었다.

팁은
필요 없습니다

한국만이 갖고 있는 '정 문화'가 있다. 오죽하면 이웃도 사촌이라고 '이웃사촌'이라는 단어를 만들었을까. 미국인들에게 익숙하지 않은 한국이라는 나라의 음식뿐만 아니라 문화도 함께 알리고 싶었다. 그것이 바로 우리만의 독특한 마케팅이 될 것이었다. 그래서 우리에게 익숙한 '덤' 서비스를 시작했다. 추가 주문을 하지 않아도 덤으로 만두를 얹어 주거나 잡채를 설명해 주며 서비스로 줬더니 놀라며 신기해했다. 코스트코 같은 대형 마트처럼 시식 행사를 하는 곳은 많다. 단순히 마트식 공짜 이벤트가 아니라, 대접받는다는 느낌이 들게끔 만드는 것이 관건이었다. 그렇게 기분 좋게 대접을 받은 고객들은 반드시 다음에 또다시 푸드 트럭을 방문해 주었다.

미국 직원들을 교육시킬 때 몇 가지 지침을 정했다. 첫째는 쉽게 주지 말 것. 매번 공짜로 음식을 더 주다 보면 '오늘은 왜 안 주지?' 하며 기분이 상할 수 있기 때문이다. 그래서 당연히 주는 게 아니라, 당신이라서 준다는 의미를 전달하고자 했다. 둘째는 반드시 명분을 찾아서 줄 것. "배고파 보이니 오늘은 엑스트라!" 혹은 "오늘이 생일이라고요? 생일 선물로 만두 드립니다"와 같은 식이다. 전혀 기대하지 못했던 선물을 받는 기분을 만들어주고 특별 대우를 해주는 것처럼 느끼게 해주다 보니 손님들은 푸드 트럭에 방문하는 것만으로도 즐거움을 느꼈다. 마지막으로 절대 팁을 바라고 마케팅하지 않을 것. 우리의 목적은 오직 컵밥을 찾은 손님들을 행복하게 하는 데에 있으니, 절대로 팁을 바라는 듯한 뉘앙스를 풍기지 않아야 했다. 특히 미국은 팁 문화가 보편적이니 더더욱 경계했다.

그렇게 한국의 덤과 정 문화는 컵밥이라는 낯선 음식을 익숙하게 만들었고, 단골손님을 유치하는 데에도 큰 도움이 되었다. 결과적으로 사업을 시작한 이래로 가장 덕을 많이 본 마케팅이기도 했다. 얹어주는 음식에 익숙하지 않은 미국 사람들은 처음에는 어색해했지만 컵밥 크루들의 유쾌한 대화가 함께한 덕분에 다음에는 또 어떤 즐거운 상황이 펼쳐질까 기대하기 시작했다. 단순히 맛있는 음식에서 그치는 것이 아니라, 행복한 기운을 전달할 수 있는 문화를 만들고자 했던 우리들의 바람이 조금씩 이루어지고 있었다.

1부터 10까지
어떤 맵기로 해드릴까요?

미국은 선택의 나라라고 해도 과언이 아니다. 물건도, 음식도 굉장히 다양한 선택지가 존재한다. 워낙 개성이 강하고 자신이 원하는 방식을 선호하다 보니 '서브웨이'나 '파파머피스' 같이 직접 토핑을 고를 수 있는 방식이 인기가 많다. 컵밥에도 같은 방식을 적용해 보기로 했다. 한식 자체는 낯설고 부담스러울 수 있으나, 소스를 직접 선택하게 함으로써 호기심과 흥미를 이끌어 내자는 목적이었다. 컵밥 위에 끼얹는 소스를 고객이 각자의 입맛에 맞게 선택할 수 있도록 다양하게 준비했더니

다행히 반응이 아주 좋았다. 하지만 예상하지 못한 문제가 생겼다. 음식 자체는 빨리 나오는데 소스에 대해 질문하고, 그에 답변을 해주느라 서빙이 늦어지게 된 것이다. 소스의 이름에서부터 어떤 맛인지, 얼마나 매운지, 얼마나 짠지 묻는 질문에 답을 하느라 소스를 뿌리는 시간이 배로 걸렸다.

그중 사람들이 공통적으로 가장 많이 하는 질문이 "이 소스 얼마나 매워요?"였다. 아무래도 상대적으로 매운 음식을 잘 먹지 못하는 미국인들에게 동양의 음식은 매운맛이 가장 핵심이었다. 그래서 "1부터 10까지 있는데 몇으로 해드릴까요?"라고 묻기 시작했다. 그러자 서빙하는 시간이 줄기 시작했다. 여유가 생기자 "레벨 7이요? 7.5는 어때요? 아니면 7.89?" 하며 농담을 했더니 깔깔 웃으며 즐거워했다. 나중에는 손님들이 먼저 "오늘은 매운맛을 먹을 기분이 아니니 3.47로 만들어줘요"라며 먼저 농담을 던지기도 했다.

컵밥은 그들에게 낯선 음식이었다. 또한 외국인이었던 우리는 컵밥을 그들의 언어로 멋스럽게 표현하는 방법도 몰랐다. 그래서 가장 쉽고 익숙한 방식으로 접근했다. 그들에게 쉬운 선택지를 제시함으로써 고객이 빠르게 적응할 수 있도록 했다. 또한 1-10 소스는 미국인들에게 익숙한 재료로 만든 것으로, 미국인의 문화와 취향을 적극적으로 반영한 결과라고 할 수 있다. 이 같은 경험을 통해 느낀 건, 해외에서 브랜드로서 성공하기 위해서는 결국 그 나라를 얼마큼 이해하고 반영했는지, 즉 현지화 전략이 중요한 요소로 작용한다는 것이었다. 현지에서 크게 성공을 거둔 프랜차이즈의 사례를 보아도 그 나라 사람들의 문화와 취향을 적극적으로 반영하여 마케팅한 경우가 많다. 낯설수록 그 안에서 익숙한 방식을 찾아서 적용하는 게 좋다. 빠르게 적응할 수 있을 뿐만 아니라, 나도 한번 해보고 싶다는 색다른 매력으로 다가오기 때문이다.

언어도 막지 못한
진심

푸드 트럭을 운영하던 초기만 해도 내 영어 실력은 형편없었다. 열심히 학교를 다니며 공부하긴 했지만, 하루아침에 갑자기 유창한 네이티브 스피커가 될 수는 없는 노릇이었다. 애초에 인사 한마디 못 하는 상태로 미국에 왔으니 아무리 노력해도 빠르게 언어가 늘지 않았다. 하지만 장사는 해야 했다. 어떻게든 손님들과 소통을 해야 했는데, 내 맘을 아는지 모르는지 손님들은 낯선 음식인 컵밥에 대해 자꾸만 질문을 해왔다. 메뉴의 이름은 무슨 뜻인지, 각 소스들은 어떤 맛인지, 컵에는 뭘 담고 재료는 또 어떤 것들이 들어가는지 묻고 또 물었다. 처음에는 열심히 설명하려고 노력했다. 손짓발짓을 동원해 어떻게든 근사하게 설명하고자 했지만, 노력을 하면 할수록 부족한 영어 실력 때문에 대화는 자꾸만 산으로 갔다.

어떻게 하면 짧은 실력으로도 효과적인 소통을 할

수 있을까 고민하기 시작했다. 곰곰이 생각해 보니 우리가 한국인이라는 정체성을 숨기며 장사를 하는 것도 아니었고 애초에 컵밥은 한식을 모티브로 삼았으니 외국인의 시선에서 이야기해도 안 될 것이 없었다. '어차피 설명해도 모를 맛이었기에 그냥 내가 하고 싶은 말을 해야겠다' 싶어 집에 와서 아내에게 말했다.

"'Shut up, just eat(닥치고 그냥 먹어)!'으로 셔츠 좀 만들어주면 안 돼? 우리가 음식을 만들면서 모든 질문에 일일이 설명하기 어려우니까 일단 그냥 먹어보라는 의미로 말이야."

"닥치라는 말은 너무 무례하지 않을까? 차라리 '쉿, 아무 말 하지마'라는 'Shhh' 어때?"

그렇게 해서 "Shhh... Just eat!"이라는 슬로건이 탄생했다. 슬로건을 넣은 티셔츠를 제작해서 입고 서빙을 했다. 손님들의 질문이 이어지면 손으로 셔츠를 가리키며

"쉿~ 그냥 한번 먹어봐"라고 말했다. 그랬더니 손님들이 황당해하면서도 웃으며 말을 멈추고는 조용히 메뉴를 주문해 주었다.

그 뒤로도 우리를 잘 모르는 사람들에게 컵밥을 각인시킬 만한 슬로건을 만들 때 몇 가지 조건을 붙였다. 첫째는 우리의 캐릭터처럼 유쾌하고 재밌을 것. 둘째는 어렵지 않고 쉽고 친근하게 들릴 것. 셋째는 컵밥에게 가장 필요한 내용일 것. 그리고 마지막으로 아무도 쓰지 않은 문구일 것. 뻔하게 연상되는 진부한 문구는 무조건 배제시켰다. 가장 컵밥다운 슬로건을 만들기 위해 외국인다운 관점에서 바라보았고, 오히려 그 점이 미국 손님들의 마음에 들었던 듯하다.

**열정 속에서
피어오르는 희망**

컵밥이 늘 재치 있고 톡톡 튀는 아이디어로 사랑받

기만 했던 것은 아니다. 고객들에게 거리낌 없이 다가가고자 노력했지만, 미국 문화나 스타일을 잘 몰랐기 때문에 큰 실수를 해서 고객들을 잃은 적도 많다. 무리하게 욕심을 내서 웃기려다가 오히려 야유나 질타를 받은 적도 있다. 또 야심 차게 개발한 신메뉴의 반응이 시원찮아서 맛보기만 하고 메뉴에 올리지 못한 음식들도 허다하다. 하루라도 실수 없이 넘어가는 날이 없을 만큼 매일이 실수의 연속이었다. 스케줄에 늦거나, 트럭이 고장 나서 하루 영업을 통째로 날린 적도 있고, 재료를 빠뜨려서 메뉴를 만들지 못한 적도 있다. 중요한 스케줄을 아예 통째로 잊어버린 적도 있었다. 야심 찬 포스팅을 올렸는데 음식점답지 못하다고 질타를 받은 적도 있고, 제대로 된 시스템을 갖추지 못해 좋은 직원들을 지키지 못한 적도 있다.

아무리 노력해도 실수가 없을 수는 없다. 당연히 결과가 늘 좋을 수도 없다. 노력하는 만큼 시행착오도 많을 수 있다는 이해와 인정 없이는 어떠한 도전도 할 수 없다. 산 넘어 산이라고 했던가. 문제는 산이 아니라 산을 대하는 자세에 있는 게 아닐까. 최선을 다하고 있는데도 마음과 같지 않게 일이 엇나갈 때는 마냥 속상해하거나 슬퍼하지 않고 '어차피 넘어야 할 산이라면 어떻게 잘 넘어볼까, 여기에서 배울 점은 무엇일까'를 항상 치열하게 고민했다. 스케줄에서 실수가 나면 똑같은 실수를 반복하지 않도록 체계적으로 관리하는 툴을 만들었고, 재료나 준비물을 빠뜨리는 실수가 여러 번 생기자 꼼꼼하게 체크리스트를 구체화했다. 아마도 높은 확률로 나는 또 실패를 경험할 것이다. 하지만 똑같은 실수나 실패를 반복하지는 않을 것이다. 이전의 실패를 딛고 또 다른 성공을 향해 나아가는 동력으로 삼을 것이기 때문이다. 이는 그동안 수많은 실패를 하면서 배운 소중한 지침이기도 하다.

지금까지 쌓아 올린 자존감과 자신감은 수많은 실패

를 통해 얻은 맷집에서 생겼다. 푸드 트럭을 몰고 한참 고속도로를 달리다가 엔진이 고장 나서 도로 한가운데 멈춘 적도 있고, 무작정 맛없다며 조롱하고 괴롭히며 인종 차별을 하는 손님들을 만나보기도 했다. 갑작스러운 코로나 때문에 한순간에 수십 개가 넘는 매장의 문을 닫아야 할 뻔했던 적도 있었다. 그야말로 매일이 살아남기 위한 전쟁이었다. 지금도 마찬가지다. 하지만 매 순간의 어려움과 시련은 내가 더 앞으로 나아가야 할 계기와 동력이 되었다.

무슨 일이 됐든 직접 경험해야만 알 수 있는 것들이 있다. 똑같은 산을 올라가도 자신이 어디에 있느냐에 따라 보이는 것이 다를 수밖에 없다. 같은 산에 있으니 당연히 같은 것을 본다고 생각하겠지만, 이제 막 산에 오르기 시작한 사람은 중턱에 있는 사람과 같은 시선으로 풍경을 바라볼 수 없다. 산꼭대기에 있는 사람과도 마찬가지다.

한창 경기가 어려워 본사 직원들의 월급이 너무 부담스러웠을 때 주변에서는 인원 감축을 하라고 했지만, 도저히 그것만은 하고 싶지 않았다. 당장 다음 달을 어떻게 넘겨야 하나 고민하던 때도 있었다. 앉아서 고민만 하고 있을 수 없어서 무작정 집 앞에 있는 코스트코 매장에 찾아갔다. 매니저가 누군지도 몰랐지만 지나가는 직원에게 매니저를 아는 척하며 "그… 매니저 이름이 뭐였죠?" 하고 물었더니 직원이 "아, 폴을 말하는 건가요?"라고 자연스럽게 대답해 주었다. 나는 "맞아요, 폴! 지금 자리에 있나요?"라고 너스레를 떨며 약속도 없이 사무실에 찾아가서 딱 5분만 시간을 내달라고 얘기했다. 나는 매니저에게 약속한 5분에서 20분이 넘도록 전체 코스트코 매장에서 기프트 카드를 판매하고 싶다고 말했다. 가만히 듣기만 하던 매니저는 나의 저돌적이고 다소 황당한 영업 스타일에 감명을 받았는지, 결국 코스트코에 컵밥 기프트 카드를 입점시킬 수 있었다. 나중에 폴에게 들은 얘기지만, 〈샤크 탱크〉 쇼에서 봤던 회사의 대표가 직접 세일즈를 하고 다니는 모습이 인상적이어서 흥미로웠다고 했다. 폴 자신도 어릴 적 코스트코에서 아르바이트로 시작해 지금의 한 지점의 매니저 자리까지 오른 사람이었고 여전히 직원과 함께 주차장 카트 정리를 할 정도로 성실한 사람이었던 것이다.

컵밥을 미군 부대에 납품할 수 있게 된 계기도 대단할 것이 없다. 빠르고 간편하게 한 끼 식사를 할 수 있는 컵밥만큼 부대에 잘 어울리는 음식이 없다고 판단했고, 당장 행동에 옮긴 것뿐이다. 지인이 있었던 것도 아니고, 특별한 방법이 있었던 것도 아니었다. 다만 매출을 올려야 하는 간절한 상황이었고, 방법을 고안했으며, 행동으로 옮겼을 뿐이었다. 구글에 검색해 군부대의 연락처를 찾고, 이메일을 보냈다. 직접 군부대에 찾아가 담당자와 이야기를 나눈 덕분에 미군들이 컵밥을 먹을 수 있게 되었다. 코로나 때 인도네시아의 매장들이 통째로 망할 위기를 겪은 적도 있었다. 모든 매장을 철회해야 할 위기의 상황이었다. 당장 매장을 철수하느냐 마느냐의 기로에 섰을 때 핫도그를 메뉴에 추가해 봐야겠다고 생각했고, 급히 조리법을 배워 투입시켰다. 다행히 사람들은 핫도그에 열광했고, 극적으로 위기를 극복할 수 있었다.

생각해 보면 컵밥은 평탄한 길을 걸은 적이 한 번도 없었다. 매번 위기의 위기가 계속되었지만 우리는 포기하지 않았고, 그럴 때일수록 더욱 정신을 바짝 차리고 탈출구를 찾기 위해서 노력했다. 이토록 작은 행동들의 연속이 기적을 불러일으켰다. 성공들이 계속해서 쌓여 간 덕분에 실패를 겪더라도 좌절하지 않는다. 지금 흘린 땀이 10년 후 내가 설 곳을 만들어줄 것임을 알기에, 오늘의 실패가 더 이상 두렵지 않다.

작은 행동들의 연속이 기적을 불러일으켰다.

성공들이 계속해서 쌓여간 덕분에

실패를 겪더라도 좌절하지 않는다.

지금 흘린 땀이 10년 후

내가 설 곳을 만들어줄 것임을 알기에,

오늘의 실패가 더 이상 두렵지 않다.

완벽한 계획보다는 작은 행동부터

이제는 가만히 방에 앉아서도 유튜브를 통해 온갖 세상일을 다 알 수 있다. 전 세계에서 일어나는 모든 일을 실시간으로 확인할 수도 있다. 하지만 직접 내 다리를 움직여 걷고, 팔을 휘저어가며 오감을 통해 체험하는 것은 차원이 다른 경험이다. 땀을 흘리며 직접 해보는 것과 가만히 앉아서 스크린을 통해 보는 것은 다를 수밖에 없다. 내 아이들은 집 밖으로 나와 다양한 사람들을 만나고 부딪혀보면서 세상이 얼마나 큰지 체감해 보기를 바란다. 거친 도로를 끝없이 운전해 달려보기도 하고, 차에서 내려서 흙과 바람을 느껴보기도 했으면 좋겠다. 가만히 앉아서 남이 산 인생을 쳐다보기만 하지는 않았으면 한다.

이 책을 읽는 독자들에게도 같은 마음이다. 일단 미국에 오면 성공할 수 있다는 말을 하려는 것이 아니다. 나도 할 수 있으니까 당신도 할 수 있다는 이야기를 하고 싶은 것이 아니라, 당장 바로 옆 나라라도 가서 두 눈으로 확인해 봤으면 좋겠다는 말을 하고 싶었다. 이 세상에 얼마나 많은 사람들이 얼마나 다양한 일을 하고 있는지 말이다. 조금만 고개를 돌려도 내가 상상도 하지 못했던 세상이 펼쳐지고 있다. 새장 안에서 주인이 주는 밥만 먹으면서 편하게 살 수도 있겠지만, 조금만 위험을 감수하고 밖으로 나와보면 인생이 통째로 바뀔 수도 있는 근사한 세상이 펼쳐질 테니까 말이다.

그냥
하면 돼

처음에 유타에서 컵밥을 팔겠다고 했을 때 10명 중 9명이 안 될 거라고 말했다. 분명히 망할 거라면서 말리는 사람도 있었다. 하지만 나는 반드시 통할 아이템이라고 생각했고 잘 해낼 자신이 있었다. 아내도 한번 하겠다고 마음먹으면 반드시 해야 하는 내 성격을 잘 알기 때문에 반대 없이 나를 지지해 주었다. 나 역시 나를 믿었고, 나를 믿어주는 사람들과 서로 의지하면서 푸드 트럭을 준비했고 컵밥은 점차 성공의 궤도에 들어섰다. 처음에는 안 될 게 뻔한데 왜 사서 고생을 하느냐고 혀를 차던 사람들도 태도가 달라졌다. 자기도 언젠가 하려고 생각했던 아이템이라면서 말이다. 너무나 당연한 말이지만 생각은 누구나 할 수 있다. 생각이 곧 인생이 되지는 않지만, 생각에서 더 나아간 행동은 인생이 된다. 생각에서 그친 사람과 생각을 행동으로 옮긴 사람은 분명한 차이가 있다.

컵밥을 운영할 때도, 아이들을 양육할 때도 내가 일관적으로 보여주는 태도는 행동하는 자세다. 준비가 됐다면 지체하지 않고 일단 시작부터 하고 본다. 생각만 했을 때는 만나지 못했던 기회를 직접 움직였을 때 맞닥뜨리는 경우가 많다. 우리는 언제나 불완전하다. 완벽하려는 욕심을 내려놓고 한 발 한 발 나아가는 것에 의미가 있다. 컵밥을 운영하면서 가장 즐거웠던 기억을 떠올려보면 매출이 가장 높았을 때도 아니고, 매장이 기하급수적으로 늘어났을 때도 아니었다. 낡은 푸드 트럭을 타고 직원들과 소리를 고래고래 지르며 춤추고 노래하며 컵밥을 팔 때였다. 매출이 많지도 않았고 고된 노동으로 매일 파김치가 되어 집에 들어왔지만, 그 시절은 가장 순수하게 일에 대한 열정으로 가득했던 때였다. 부부 생활에서도 가장 행복했던 시기를 떠올려보면 가진 것이 없어 작은 것 하나부터 조금씩 쌓으며 만들어갔던 때였다. 생활비가 부족해 허덕이면서도 함께라서 버틸 수 있었던 그 시간들이 없었더라면 지금처럼 서로에 대한 굳건한 믿음도 생길 수 없었을 것이다.

생각이 곧 인생이 되지는 않지만,

생각에서 더 나아간 행동은 인생이 된다.

생각에서 그친 사람과

생각을 행동으로 옮긴 사람은

분명한 차이가 있다.

행동으로 이어지는
한 걸음

그렇다면 어떻게 생각을 멈추고 행동으로 연결할 수 있을까? 일단 그런 고민도 멈추고 당장 자리에서 일어나 보자. 따지고, 재고, 고민하고, 그리고 또다시 생각하면서 귀한 시간들을 소진하지 말고 그냥 한번 해보는 거다. 행동이 없다면 어떠한 멋진 생각이나 아이디어도 그저 휘발될 뿐이다. 완벽한 계획이나 큰 목표를 세우는 것도 좋다. 하지만 그것이 실현되려면 작은 한 걸음부터 시작해야 한다. 당장 행동하는 것이 어렵게 느껴진다면 하루에 10분이라도 내가 원하는 일에 집중해 보자. 작은 변화가 쌓이다 보면 자연스럽게 큰 변화로 이어질 것이다.

생각만 하고 있을 때는 두려움이 자꾸만 커진다. 작은 행동을 통해 두려움이나 불확실성이 점점 사라지는 마법 같은 경험을 해보기를 바란다. 생각이 행동을 이끌기도 하지만, 때로는 행동이 생각을 변화시키기도 한다. 고민하고 생각하는 이 순간에도 시간은 계속해서 흘러가고 있다. 지금 행동하지 않으면 내일도, 일주일 뒤에도 똑같은 생각만 하고 있을지도 모른다. 나중에 너무 늦지 않도록 지금 바로 시작하는 것이 중요하다. 결국 내가 하고 싶은 말은 작은 실천을 통해 시작해 보는 것이다. 완벽하지 않아도 괜찮고, 아주 사소해도 상관없다. 두려움을 덜고 첫발을 내디뎌 시작하기만 하면 된다.

따지고, 재고, 고민하고,

그리고 또다시 생각하면서 귀한 시간들을

소진하지 말고 그냥 한번 해보는 거다.

행동이 없다면 어떠한 멋진 생각이나

아이디어도 그저 휘발될 뿐이다.

TRACK 2

포기하지 않는 한 반드시 길이 있다

사람이 답이다

개인의 삶에서도 마찬가지지만 사업을 하는 데 사람만큼 힘들고 어려우며, 또 사람만큼 감사하고 든든한 존재가 없다. 맨 처음 푸드 트럭 한 대를 사서 시작했을 때부터 지금까지 오직 사람의 힘으로 컵밥을 운영하고 지탱해 왔다고 해도 과언이 아니다. 주변 사람들의 응원과 지지로 여기까지 왔지만, 여전히 사람은 나를 괴롭게 한다. 자잘한 사고에서부터 굵직한 사건까지 사업의 규모가 커지는 만큼 사람으로 인한 갈등도 비례하여 커졌다. 컵밥의 운영권을 빼앗길 위기에 처한 적도 있었지만,

포기하지 않고 컵밥을 지켜내고 여기까지 올 수 있었던 것 역시 사람 덕분이었으니 결국 내게는 사람이 답인 셈이다.

한국뿐만 아니라 세계 곳곳에서 컵밥의 스토리를 알고 찾아오는 청년들이 많다. 아메리칸드림을 꿈꾸며 새로운 삶을 살고자 함이다. 이 책을 쓰기로 마음먹은 이유도 시작은 이와 비슷하다. 내가 한국에만 있었더라면 정형화된 틀 안에서 비주류로 살면서 주변만 맴돌았을 것이다. 소위 말하는 '평범'의 범주에 속하지 못했으니 나를 따라다니는 꼬리표와 끊임없이 싸워야 했을지도 모르겠다. 그렇다고 해서 미국에 오는 것만이 정답이라거나 모두에게 사업을 하라는 뜻은 아니다. 나의 경우 유타에서 푸드 트럭을 운영하는 삶을 선택했을 뿐이다. 나 역시 어느 날 갑자기 미국행을 뜬금없이 선택해서, 아무런 연고도 없이 갑자기 푸드 트럭을 산 것이 아니다. 지금 생각해 보면 미래를 예측해서 계산된 행동을 한 것은 아니었지만 차근차근 밟아온 궤적 덕분에 지금의 나와 컵밥이 있었다. 사람들은 모두 각자 살아온 궤적이 있다. 당장은 아무런 연관성도 없어 보이고 지금 하고 있는 게 맞는지 끊임없이 의문이 들지도 모르지만, 나 자신을 믿고 매일의 판단을 믿으며 움직이다 보면 삶은 절대로 나를 배신하지 않는다.

가슴속에 꿈을 품고 찾아온 청년들이 컵밥에서 일하고 싶어 하면 컵밥의 채용 과정에 맞는 인터뷰를 거쳐 트레이닝에 들어간다. 지금까지 수많은 사람과 일하고 헤어지고, 또다시 일해왔다. 간에 쓸개까지 내어주며 모든 것을 바쳐 일할 것 같던 사람들이 나중에는 맨 처음 각오의 절반도 남아 있지 않은 상태로 떠나기도 했다. 안 그래도 힘들고 외로운 타국에서 가족처럼 여겼던 직원들이 떠날 때는 나도 사람인지라 많이 서운하고 힘들기도 했다. 하지만 떠나려는 이유가 컵밥에 비전이 없다고 생각해서라면 붙잡지 않았다. 오히려 컵밥에 남아 일하고 싶다는 환경을 만들어주지 못한 내 잘못이라고 생각했다. 그리고 지금은 제발 나가라고 발로 차고 떠밀어도 버티고 안 나가는 회사를 만들겠다고 다짐한다.

컵밥에서
나가라고?

가게가 몇 개 되지 않았을 무렵부터 컵밥에 투자하겠다는 제안을 꽤 많이 받았었다. 하지만 나는 주인의식으로 이루어진 파트너십을 원했기에, 매력적인 제안이었음에도 다 마다하고 새로운 파트너들을 들였다. 그리고 새로운 파트너들에게는 처음부터 우리의 공동 목적은 '단순한 장사가 아닌 기업이 되고자 하는 것', '회사가 커가는 만큼 우리와 함께하는 직원들 또한 마음껏 성장하고 올라갈 수 있는 환경을 만들어내는 것'이라고 당부했다. 즉 지분권과 경영권을 분리하겠다는 뜻이다. 이는 아무리 파트너일지라도 한자리씩 차지하는 것이 당연한 것이 아님을 전하기 위해서였다. 즉 자신보다 능력이 있는 직원이라면, 그 자리를 양보해야 할 수도 있다는 것을 의미했다. 외부 컨설팅 회사를 통해 회사의 구조를 만들고자 했을 때 "우리끼리 만들면 되지, 그렇게 큰돈을 들여 굳이 만들 필요가 있어?"라고 했던 파트너도 있었지만, 당시에 파트너 계약서를 준비하고 있었기에 불공정한 과정에 불만이 생기지 않게 무엇보다도 신중하게 결정되어야 한다고 믿었다.

하지만 단순한 장사가 아닌 기업이 되어야 한다는 처음의 마음이 변했던 것일까, 아니면 외부 컨설팅까지 받아 각자의 포지션들을 검토하는 것에 대해 위기의식을 느낀 것일까. 일은 결코 내가 상상하지 못했던 방향으로 흘러갔다.

2020년 10월 말, 일 년 남짓 함께 했던 파트너 중 한 명이 회사를 나가겠다고 했다. 그래서 낮은 가격으로 매수하게 해준 지분을 다시 사 오기 위해 남은 파트너들과 고민 중이었다. 사실상 "5년 안에 회사를 나가게 되면, 매수한 가격으로 되판다"라는 모두의 구두 계약이 있었지만, 이 당시는 아직 파트너 계약서를 마무리하기 전이었다. 또한 나 역시 회사가 성장한 만큼 30% 정도의 지분 가격을 더해 사 오는 것이 좋겠다고 생각했다. 다만, 어디까지나 그건 내 생각일 뿐, 상대방에게는 그가 원하는 조건이 무엇인지 생각해 본 후 지분 거래에 대한 구체적인 이야기를 나누기로 했다.

2020년 11월 9일 12시. 약속 시간이 지났음에도 만나기로 약속한 그 파트너는 결국 오지 않았고, 갑자기 파트너가 아닌 처음 보는 변호사가 등장했다. 지분을 사 오기 위해 함께 논의하던 다른 두 명의 파트너 역시 어느 순간부터 나와 눈을 마주치지 않았다. 그리고 전혀 예상하지 못했던 일이 벌어지기 시작했다. 내가 직원들을 학대했고, 그래서 나의 해임안을 통과시키겠다는 허무맹랑한 통보와 함께 내 아내의 직위 또한 강제로 해임시켰다. 이 모든 상황을 지켜보던 아내와 덕이(권덕 COO)는 너무나 큰 충격에 당황스러움을 감추지 못했다. 내게 이런 일이 생길 줄은 생각조차 해 본 적이 없었기에 그 황망한 해임안 미팅이 끝날 때까지 가만히 지켜볼 수밖에 없었다. 미팅이 끝나고 나는 나와 눈을 마주치지 않던 파트너 중 한 사람에게 "이건 아니잖아요. 저랑 얘기 좀 하시죠?"라고 말했고, 그는 알겠다고 하더니 그길로 나가 다시는 돌아오지 않았다.

오후 해가 질 무렵 폭풍 같던 시간을 뒤로한 채 무거운 발걸음으로 집에 돌아왔다. 차고 문을 열었더니, 아침에 "엄마, 아빠 오늘은 중요한 미팅 있으니까, 꼭 중요한 일 아니면 연락하면 안 돼?" 하고 일러두었던 아이들이 우르르 몰려나왔다. 그중 지난 한 달여 동안 나간다는 파트너 때문에 맘고생 하는 모습을 보며 어떤 눈치를 챈 건지 이제 겨우 초등학교 5학년이던 둘째 딸의 첫마디가 "엄마, 아빠. 회사 어떻게 됐어요?"였다. 그리고 중

학교 1학년이던 첫째는 차마 물어보지 못한 채 쭈뼛쭈뼛한 표정으로 그 옆에 서 있었다. 아내는 아무런 말도 하지 못했고, 나 역시 그저 다섯 아이를 꼭 안아 줄 수밖에 없었다.

그날 밤, 방 안 침대에 아내와 함께 나란히 누워 잠을 청했지만, 서로 아무 말도 할 수 없었다. 그때 내가 침묵을 깨고 말했다.

"나, 컵밥 그만둘까?"

진심으로 그냥 그만두고 싶었다. 앞으로 어떤 마음으로 일을 대해야 할지 확신이 서지 않았다. 이런 마음으로 어떻게 온 힘을 다해 컵밥을 운영할 수 있을까. 잠시 침묵하던 아내가 말했다.

"당신이 그러고 싶으면 그렇게 해. 근데 지금은 아니

야. 당신을 믿고 온 직원들이랑 외부 파트너들이 몇 명인데. 일단 이 사태를 잘 수습하고 컵밥이 당신 없이도 잘 굴러갈 수 있을 때까지 만들어 놓은 다음에, 그때 그만두고 싶다면 그만둬."

그래, 지금 컵밥을 그만둘 수는 없었다. 아내 말처럼 내가 책임져야 하는 사람들이 있다. 그러니 아직 컵밥을 놓을 수는 없었다. 정신 바짝 차리고 수습해야 했다. 다행히 오랫동안 함께 해 준 변호사 그룹들, 회계사, 은행 담당 직원, 컵밥 관련 파트너 회사들, 그리고 무엇보다 컵밥의 직원들이 모두 우리를 지지해 주었다. 우리가 입장을 제대로 전할 틈이 있었던 것도 아닌데, 너 나 할 것 없이 아침부터 저녁까지 정신없는 부모를 대신해 몇 날 며칠 동안이고 우리 아이들을 대신 먹여줬고, 한달음에 달려와 주었고, 대신 울어주었다. 소식을 들은 전 직원들은 타주에서 편지를 써줬고, 결코 이대로 져선 안 된다며 나를 안아주고 일으켜주었다. 참담하고도 서글

프다는 마음으로는 표현이 안 될 만큼의 그 지난한 과정에서 무엇보다 아내와 파트너 덕이가 나보다 더 강하게 내 곁을 지켜주었다. 이처럼 소중한 사람들이 아니었다면 나는 정말로 컵밥의 운영권을 자발적으로 놓아버렸을지도 모르겠다. 그렇게 수많은 사람들의 응원과 도움 덕에 컵밥을 지켜냈고, 힘든 수개월이 지나자 모든 것이 다시 제자리로 돌아오기 시작했다.

나에게 사람이란 뭘까? 아내는 내게 양날의 검과 같다고 말했다. 나의 가장 큰 장점이자 또 다른 단점. 나는 사람을 참 좋아한다. 한번 마음을 주고 나의 울타리 안으로 들이면, 그 누구보다 믿고 살뜰하게 챙긴다. 그게 나의 큰 행복이고 기쁨이다. 하지만 이런 나의 성향은 개인적인 관계에서는 장점이 더 많을 수도 있겠지만, 사업적인 관계에서는 때때로 독이 되기도 했다.

침잠하던 나를
끌어올려 준 한마디

마음의 상처가 너무 컸을까. 곧 우울증과 공황 장애가 찾아왔다. 모르는 사람들 앞에 서는 건 괜찮다가도, 오히려 아는 사람이 붐비는 곳에 가면 숨이 쉬어지지 않을 때가 많았고, 일하는 게 가장 신났는데 이제는 어떤 아이디어도 나오질 않았다. 컵밥은 다시 안정기에 접어들었지만, 나는 자꾸만 바다 끝까지 침잠하는 것만 같았다. 그러던 어느 날, 깜깜한 방 안 구석 의자에 혼자 앉아 있는데 딸아이가 다가왔다. 아이들에게 티를 안 내려고 부단히 노력했지만, 평소와 다른 아빠의 모습에 아이들도 내심 눈치를 보고 있었던 모양이다.

"아빠, 괜찮아요?"

어린 딸이 물었다. 나는 아무렇지 않은 척을 하려다 낮은 목소리로 물었다.

"아빠가 컵밥 그만두면 어떨 것 같아?"

가만히 몇 초간 생각하던 아이는 이렇게 말했다.

"아빠는 항상 나한테도 포기하지 말고 끝까지 하라고 하잖아요. 그럼 나도 만약 학교가 싫으면 그만 다녀도 돼요? 아빠가 포기하면 나도 포기할래."

그 순간 정신이 번쩍 들었다. 아이가 해준 그 말이 오래도록 맴돌았다. 지금도 힘들 때나 그만두고 싶다는 생각이 들 때마다 나를 일으켜 세우는 한마디가 되었다.

그래. 집안의 가장으로서 다섯 명의 아이들에게 결코 부끄럽지 않은 아빠가 되겠다는 일념으로 살아왔는데, 여기서 포기할 수는 없었다. 그길로 정신을 차리려고 당시 하기 싫던 모든 것들을 무조건 하려고 부단히 애를 썼다. 죽어도 떼지지 않던 발걸음을 억지로 옮겨서 한 걸음이라도 나가보려고 노력했다. 처음엔 안 되던 것이 한 걸음, 한 걸음 떼지더니 나중에는 사람들이 많은 곳에서도 예전만큼 두렵지 않았다. 많은 사람 앞에 설 때면 지금도 여전히 직전까지 갈등이 있지만, 이젠 해낼 수 있다는 믿음이 있다.

나는 여전히 사람들을 좋아한다. 사람을 정말 좋아하고 주는 것에서 행복을 느끼다 보니 때로는 분명 의도하지 않은 실수를 범하기도 했다. 하지만 그런 실수는 가진 것을 담을 그릇이 준비되지 않은 사람에게 넘치게 주는 내 마음이 되려 안 좋은 결과를 낳는다는 교훈을 주었다. 예전엔 일터에서 좋아하던 주변 사람들을 챙기는 낙으로 살았는데, 요즘엔 그들과 오래 일하기 위해 절제된 감정의 시스템에 집중한다. 좋은 사람들과 일하고 싶고, 주고 싶은 게 분명하게 존재하니 그릇을 키울 수 있도록 도와주기 위한 시스템을 만들기로 한 것이다.

지금까지 컵밥을 운영하면서 가장 힘들었을 때조차도 직원 감축만큼은 하지 않았다. 일반적으로 사업에 위기가 닥치면 인원 감축부터 시작하는데, 내가 월급을 못 가져가는 한이 있어도 직원들만큼은 반드시 지켜주고 싶었다. 오히려 매니저들이 자신은 월급을 받지 않아도 된다며 기다리겠다고 먼저 제안할 정도였다(다행히 직원들의 월급은 물론이고, 대표의 월급도 잘 지켜내고 있다). 맨 처음 컵밥을 시작했을 때 점점 늘어나는 직원들에게 컵밥으로 인해서 어떠한 피해도 주지 않을 것이고, 모든 노력을 다해서 반드시 지켜주겠다고 약속했다. 사람들을 챙기지 않으면 컵밥과 일할 이유가 없다는 생각 때문이었다.

금전적으로는 글로벌 기업만큼 해줄 수 없기에 그렇다면 컵밥이 무엇을 줄 수 있는지 고민했다. 그리고 내린 결론은 명확한 비전을 보여주고 성장의 가능성을 제시하는 것이었다. 단순히 제안에서 끝나지 않고 약속이 지켜졌을 때 가장 큰 보람을 느낀다. 지금도 그 약속을 지킬 수 있음에 감사한다. 비록 나에게 사람이 양날의 검일지라도, 여전히 사업에서 가장 중요한 것 역시 인재의 유무라고 믿는다.

사람들은 모두 각자 살아온 궤적이 있다.

당장은 아무런 연관성도 없어 보이고

지금 하고 있는 게 맞는지

끊임없이 의문이 들지도 모르지만,

나 자신을 믿고 매일의 판단을

믿으며 움직이다 보면

삶은 절대로 나를 배신하지 않는다.

컵밥을
지키는 사람들

　지금의 컵밥이 있기까지 수많은 크루들의 도움이 있었다. 컵밥을 거쳐 간 크루들을 일일이 다 열거할 수는 없지만, 모두에게 진심으로 감사의 마음을 전한다. 그중에서도 컵밥에서 위기의 순간을 함께 겪으면서 단단한 지지대가 되어준 사람들을 소개한다. 이들의 용기와 지지가 없었더라면, 나 역시 중요한 결단을 내려야 하는 매 순간 난항을 겪었을 것이다. 천군만마가 부럽지 않은 어벤저스들 덕분에 오늘도 한 걸음 더 나아갈 동력을 얻는다.

푸드 트럭에서
사장과 손님으로 만나 이어진 인연

현재 컵밥의 오퍼레이션 팀 최고 수장으로 일하고 있는 권덕 COO와의 인연이 참 재미있다. 덕이는 골드만삭스 및 시타델 헤지펀드에서 금융 투자 분석가 및 투자자로 일했던, 소위 말해 브레인 중의 브레인이었다. 하루에도 수백, 수천억을 다루는 일을 하던 덕이와는 푸드 트럭에서 손님과 사장으로 연을 시작했다. 당시 솔트레이크 다운타운에서 매주 목요일 점심시간에 맞춰 푸드 트럭 이벤트가 열리곤 했었는데, 마침 그곳이 덕이가 일하는 건물 근처였던 것이다.

초등학교 6학년 때 유학을 와서 한국인이었지만 미국 입맛에 더 익숙했던 덕이는 우연히 컵밥을 맛본 이후 매주 함께 일하는 동료를 컵밥 트럭으로 데리고 오며 컵밥의 단골손님이 되었다. 그 후로도 SNS에서 팔로우하면서 서로 가끔씩 안부를 묻곤 했는데, 어느 날엔가 "형,

저 다음 주에 뉴욕 본사로 이동하게 됐어요. 잘 지내세요"라고 인사를 하기에 "덕이 씨, 가서도 잘 살아요" 하며 아쉬운 작별 인사를 전했었다. 그런데 몇 년 후 갑자기 덕이가 컵밥에서 함께 일하고 싶다고 연락을 한 것이었다.

어린 나이에 한국에서 미국까지 와서 그 어려운 공부를 마치고, 미국에서도 손에 꼽힌다는 헤지펀드 회사에 들어가 일반 사람들은 상상할 수도 없는 고액 연봉을 받는 사람이 왜 모두가 기피하는 요식 산업에 오겠다는 것인지, 처음에는 도무지 이해가 되지 않았다. 그래서 거절할 심산으로 그와 미팅을 잡았고, 직접 만나 대화를 시작했다. 컵밥의 콘셉트와 잠재력이면 충분히 이뤄낼 수 있다면서, 큰 눈망울을 반짝거리며 아무나 하지 못할 의미 있는 일을 해보고 싶다고 말하는 모습에서 나는 그에게 반해버리고 말았다. 똑똑한데 야망까지 가득한 이 청년을 반드시 컵밥에 데려오고 싶었다. 거절을 염두에

두고 나간 자리였는데, 왠지 이 친구를 낚고 싶었다. 그래서 나는 이렇게 말했다.

"덕이 씨, 그거 알아요? 세상에 똑똑한 사람도 돈 많은 사람도 많아요. 그런데 미국에서 한식으로 내셔널 브랜드를 만든 사람은 아직 없어요. 재미있을 것 같지 않아요?"

그 순간 나는 덕이의 눈이 반짝이는 것을 보았다. 나는 즉시 다른 임직원들에게 영입 의사를 밝혔지만, 모두가 덕이를 반대했다. 요식업에 아무런 경험도 없고, 너무 위험 요소가 많다는 이유에서였다. 하는 수 없이 덕이에게 전화를 걸어 아무래도 연봉을 맞춰주기 힘들 것 같다고 거절하려는데, 덕이가 말했다. "형, 제가 장담하는데 형은 5년 안에 반드시 제가 가진 능력이 필요할 거예요. 그러려면 지금부터 제가 있어야 해요. 지금 절 놓치면 반드시 후회할 거예요." 젊은 친구의 너무나도 당당한 기개와 자신감에 허허 하고 웃음이 나왔지만, 내 본능은 이미 이 친구를 놓치면 진짜 후회할 것 같다고 말하고 있었다.

나중에 들어보니 덕이도 컵밥에서 일하겠다고 했을 때 주변에서 반대가 컸다고 한다. 현재 받고 있는 연봉의 1/10도 안 되는 돈을 받으며 왜 굳이 어려운 길로 뛰어들려고 하느냐면서 말이다. 일반적인 사람이라면, 아니 평범한 정상인이라면 가장 높은 곳에 있던 그가 가장 힘들고 낮은 곳으로 내려올 이유가 없었다. 가족들마저 그를 미쳤다면서 만류했다고 한다. 덕이는 주변에서 왜 위험을 감수하려고 하냐는 우려에 오히려 의문을 가졌다고 한다. '왜 컵밥에서 일하는 게 위험일까?' 물론 기회비용은 생길 수 있겠으나 그것은 선택에 있어 필연적인 결과이며, 결국 나만 잘한다면 어디서든 성과를 낼 수 있을 텐데 하고 말이다.

결국 덕이는 많은 것을 감수하고 컵밥에 합류했다. 그때만 해도 회사 건물에 오피스조차 제대로 없었고, 주방이라고는 망한 레스토랑을 인수한 공간이 전부였기에 말 그대로 열악한 환경이었다. 게다가 컵밥에는 이미 다섯 명의 오너가 존재했고, 모두가 각자의 목소리를 내느라 회사 내부에서 균열이 끊이지 않았던 때였다. 덕이는 입사하자마자 5년 후, 10년 후 컵밥의 비전을 만들어 제안했다. 자신의 주전공인 데이터와 로직을 기반으로 정확한 포트폴리오를 만들어낸 것이다. 그는 5년 안에 회사의 가치가 1,000억이 넘을 것이라고 말했지만, 당시 아무도 그 말을 믿지 않았다. 나조차도 정말 할 수 있을지 의아했던 것이 사실이다.

그리고 가장 먼저 경영권과 지분권을 분리해야 한다고 강조했다. 이는 오래전부터 나 역시 바라왔던 일이었고, 기업의 발전과 성장에 가장 중요한 부분이었다. 그동안 유야무야 얼버무렸던 안건을 끄집어내, 과감하게 칼자루를 휘둘렀다. 당연히 내부에서는 잡음이 일어날 수밖에 없었다. 하지만 오너 다섯 명이 회사를 차지하고 앉아서 아무런 노력도 하지 않는다면 장사에서 사업으로 발전할 수 없음이 명확했다. 회사가 잘 되려면 자존심만 부릴 것이 아니라, 오너들도 내부 경쟁을 통해 발전하는 모습을 보여야만 했다.

3년 만에
1,400억을 달성하다

나도 그의 경영 방침에 동의했고, 이 중요한 과제를 정면으로 돌파하기로 결심했다. 회사의 성장을 위한 시도였지만 경영과 지분을 나누고자 했던 우리의 과감한 도전은 나중에 결국 쿠데타로 이어지는 안타까운 상황을 맞이했다. 하지만 이러한 아픈 과정을 통해 회사의 구조를 탄탄하게 다지지 않았더라면 컵밥은 오너들 스스로의 잇속을 채우느라 오래전에 붕괴됐을 것이라고 확신한다. 그 붕괴를 막을 수 있었던 것은 내 의견을 객관적이고 명확하게 함께 바라봐 준 덕이가 있었기에 가능한 일이었다. 처음 컵밥에 들어왔을 때 덕이가 제안했던 5년 안에 1,000억 달성이라는 회사의 가치는 3년 만에 1,400억을 넘겼다. 그는 매체 인터뷰를 할 때마다 매번 똑똑한 사람은 너무나 많고, 자신의 역할은 언제든 대체될 수 있다고 말한다. 하지만 똑똑하고 성장 지향적인 마인드셋을 가진 데다 그처럼 삶에 관해 올바른 자세를 가진 사람은 정말 흔치 않다.

지금도 여전히 우리는 컵밥의 중요한 안건들을 다룰 때마다 수없이 상의하고 때때로 격한 논쟁을 하기도 한다. 하지만 우리에게는 개인의 이익이 아닌, 회사를 키우고 직원들을 책임지겠다는 공동의 목표가 있기에 사소한 잡음이 생겨도 문제없다. 둘 다 컵밥에 대한 그리고 무엇보다 서로에 대한 공고한 믿음이 있기 때문이다. 과거 몇 천억을 다루던 사람이 이제는 몇 달러와 몇 센트를 깎기 위해 고군분투하는 모습이 고맙고 그렇게 의지가 될 수 없다. 서로가 같은 곳을 바라볼 수 있는 파트너가 있다는 건, 때론 부족한 모습조차 나눌 수 있는 온전한 신뢰를 의미한다. 또한 함께 꾸는 꿈은 서로에게 의지가 되고 더 큰 동기부여가 된다. 게다가 회사를 성장시키고 함께하는 직원들에게 더 큰 혜택을 줄 수 있을 때가 가장 행복하다는 이 파트너를 어떻게 존경하고 아끼지 않을 수 있을까?

외식업계의 베테랑이
컵밥에 합류하다

컵밥에서 프랜차이즈 개발을 맡고 있는 마이크는 컵밥에 합류하기 전에 20여 년간 외식업에 종사했던 그야말로 베테랑이었다. 10대 시절부터 맥도날드에서 아르바이트를 하면서 음식과 청결, 고객 서비스의 중요성을 몸으로 익혔고, 대학을 졸업한 후 직접 레스토랑을 경영하며 사업가의 삶을 지속했다. 하지만 2009년 경기 침체로 레스토랑들을 매각해야 했다. 이후 새로운 길을 모색하기 위해 직업을 전환했지만, 다시 돌아와 다양한 외식업계에서 프랜차이즈 사업을 돕고 성장시키는 전문가로 활동했다. 마이크가 컵밥에 합류하고 싶다고 연락을 해왔을 때 그는 직접 가맹점을 운영하고 싶다고 했다. 하지만 당시 컵밥은 프랜차이즈 사업을 진행하지 않았기에 거절했는데, 그럼에도 그는 포기하지 않고 컵밥에서 일하고 싶다며 다시 연락해 왔다. 20년이 넘는 오랜 시간 동안 외식업계에서 종사해 온 고급 인력이 왜 컵밥에 오려고 하는지 물었을 때, 그는 끊임없이 도전하고 배우며 성장할 수 있는 환경을 원한다고 답했다. 목표를 세우고 달성하는 과정에서 때로는 실패도 경험하겠지만, 그 덕분에 더 많은 것을 배우고 역량을 확장할 수 있을 것이라는 인터뷰에 깊이 감명받았다. 그리고 무엇보다 이 컵밥이라는 브랜드에 확신이 있다고 말했다. 새로운 경험이야말로 인생에서 가장 큰 보람이라고 생각한다는 마이크는 그렇게 컵밥의 가족이 되었다.

미국 최초
전국구 한식 브랜드를 꿈꾸다

마이크는 컵밥을 미국 전역에 확장시키고 QSR (Quick Service Restaurant) 50위 안에 들게 하는 것을 목표로 일하고 있다. 그 과정에서 사업 운영, 교육, 케이터링, 이벤트 등 다양한 업무 과정에 참여해 도움을 주고 있다. 오랜 시간 한 분야에서 일하면서 타성에 젖을 법도 한데, 기존에 자신이 해온 익숙한 틀에서 벗어나 기꺼이 새로운 환경에 뛰어들어 어린 친구들과 일하는 그가 멋지고 존경스럽다. 무엇보다 함께 일하는 사람들의 성장과 성공을 진심으로 고민하는 자신만의 철학이 내가 추구하는 바와 비슷해서 즐거운 마음으로 함께하고 있다.

개인주의 성향이 강한 미국인들에게 직장은 삶과 분리되어 여겨지는 경우가 많다. 업무 시간이 끝나면 철저히 자신의 개인 시간이라고 생각하기 때문에 방해받기를 싫어한다. 매일 마주하며 시간을 보내는 동료들 역시 직장에서 함께 일하는 동료일 뿐, 친구라는 개념이 없다. 그럼에도 마이크는 컵밥을 단순히 회사가 아닌 가족이라고 말한다. 한국 문화를 배우고 이해하는 경험, 회사 경영진으로부터 받는 신뢰를 통해 컵밥을 자신의 삶을 확장시키는 배움의 공간이라고 여긴다. 마이크는 현재 컵밥 가맹점을 직접 운영하고 있다. 이후 더 많은 매장을 운영하며 컵밥에서 자신의 커리어를 마무리하고 싶다는 그를 진심으로 응원한다. 컵밥이 건강하고 유연한 조직으로 성장하는 데 함께해 준 마이크를 단순히 회사의 임원이라는 말로 소개하기에는 부족하다. 좋은 사람은 좋은 것을 끌어당긴다며, 늘 내가 딱 그런 사람이라고 말해주는 그 역시 내가 끌어당긴 좋은 사람이라는 것을 알까? 그는 컵밥의 가족이자, 내 사람이다.

한국 음식을 전 세계에
알리고 싶다는 셰프의 도전

컵밥에서 성장하는 크루들에게는 공통점이 있는데,

일을 단순히 생계 수단만으로 삼지 않고 자신의 성장을 위한 도전으로 여긴다는 점이다. 컵밥에서 메뉴를 개발하고 요리하는 임종빈 셰프 또한 한국의 대기업에서 한식 조리사이자 VIP 담당자로 일하면서, 문득 마음속 깊은 곳에서부터 한국 음식을 해외에 소개하고 싶다는 갈망이 있었다고 한다. 그러던 중 미국에서 푸드 트럭을 몰며 한식을 제공하는 컵밥을 보고 '이런 방식으로도 한식을 알릴 수 있겠구나' 하고 생각하던 찰나, 아는 지인을 통해 나와 연락이 닿은 것이었다.

컵밥에서 우리가 함께 일하기로 결정하고 그가 미국에 왔을 때, 전통 한식을 요리해 왔던 셰프의 입장에서 적지 않게 놀랐을 것이다. 한국 사람들과 미국 사람들이 느끼는 맛의 기준이 너무도 달랐기 때문이다. 미국 사람들은 더 달고, 더 짠맛을 원했고 비건이나 알레르기 등 고려해야 하는 부분이 훨씬 많았다. 자신의 경력을 다 버리고 처음부터 새로운 도전을 해야 했던 그는 이 모든 것을 맞춰 나가는 데 있어 배우고 성장하는 기회로 삼았고, 끝까지 포기하지 않았다. 음식에 트러플을 곁들이고 온갖 비싼 재료로 고급 음식을 만들던 그가 기본에 충실한 맛과 재료들로 대중적인 음식을 구현해 내는 과정은 스스로와의 싸움이었을 것이다. 특히 "좀 더 짜고 끝에 단맛이 적당히 도는 그런 맛"과 같은 대표의 추상적인 피드백을 찰떡같이 소화해 냈다. 그 결과 임종빈 셰프는 지금 컵밥에서 가장 사랑받는 메뉴들을 개발했을 뿐만 아니라, 기존의 컵밥 메뉴를 또한 끊임없이 발전시켜 왔다.

흔히 외식업계를 막노동에 비유하기도 한다. 그만큼 육체적 노동의 강도가 높기 때문이다. 특히 주방에서 종일 서서 일해야 하는 셰프는 체력 소모도 심하고, 정신적 스트레스도 큰 편이다. 오직 한국 음식을 세계에 알리겠다는 열정으로 미국까지 날아와 자신의 꿈을 펼치고자 하는 임종빈 셰프를 보면서 나도 컵밥에 임하는 마음가짐을 다시 한번 되돌아보곤 한다. 그 역시 나를 보면서 자신이 진정으로 이루고자 하는 꿈을 되새긴다고 하니, 서로에게 힘을 주는 든든한 관계가 아닐 수 없다.

컵밥을 성장시키는 원동력

이처럼 컵밥은 나 혼자만의 결과물이 아니다. 앞서 소개한 키맨들뿐 아니라 지면에 언급하지 않은 수많은 크루들의 땀으로 만들어졌고, 지금도 그들의 도움으로 계속해서 성장하고 있다. 다양한 인종과 배경을 지닌 우리 모두는 미국에서 한식을 대표하는 브랜드를 만들겠다는 공동의 목표를 가지고 끊임없이 노력하며 앞으로 나아가고 있다. 한 번도 존재하지 않았던 방식의 브랜딩 문화로 더 많은 사람들이 재밌게 컵밥을 즐길 수 있도록, 그로 인해 한국 음식뿐만 아니라 우리가 전하는 한국 문화 또한 친근하게 경험할 수 있도록 하고 싶다. 더 나아가서 컵밥이 미국뿐만 아니라 전 세계에서 사랑받는 브랜드가 되기를 바란다.

컵밥에서 메뉴를 주문하면 음식이 담겨 나가는 용기에 '컵밥으로 우주 정복'이라는 캐치프레이즈가 한글로 적혀 있다. 이 문구는 단순히 재미를 위한 홍보용 캐치프레이즈가 아니다. 처음 푸드 트럭을 시작할 때 한식 대표 브랜드가 되겠다는 꿈을 대부분의 사람들은 허무맹랑하다고 말했지만, 지금의 컵밥이 있듯이 언젠가는 정말로 컵밥을 달까지 보내고 싶다는 진지한 꿈을 담았다. 아직도 하고 싶은 게 참 많은 대표를 저지하거나 힘들어하기는커녕, '컵밥으로 우주 정복'이 진심으로 가능하다고 믿으며, 더 해보라고 부추기고 응원해 주는 컵밥의 크루들 덕분에 오늘도 우리는 함께 성장하고 있다. "기업의 가장 중요한 자산은 건물이나 기계가 아니라 사람"이라는 피터 드러커의 말처럼, 아무리 좋은 전략과 자본이 있어도 그것을 실행하는 건 결국 사람이다. 기업이 가진 기술이나 설비, 시스템은 모방할 수 있지만 기업만이 가지고 있는 사람과 팀워크, 그리고 문화는 쉽게 따라 할 수 없다. 즉 사람이 자산이자 진짜 경쟁력이라는 의미다.

간절히 원하면
기회의 문이 열린다

어느 날, 컵밥을 함께 운영하는 사업 파트너 덕이가 밤잠을 설쳤다고 했다. 컵밥이 계속해서 매장도 늘고 매출도 오르는 건 감사한 일이지만, 그와 동시에 큰 걱정이 생긴다는 것이었다. 혹시라도 거대 자본을 가진 대기업에서 우리와 똑같은 콘셉트를 가진 푸드 트럭이나 매장을 대규모로 열어버리면 규모나 자본에서 밀릴 텐데, 어떻게 대응하면 좋을지 모르겠다는 것이었다. 아직 컵밥이 갖고 있는 인지도가 미미하다 보니 운영자로서 당연히 가질 수 있는 두려움이었다. 나 역시 그런 생각을 안

해본 것이 아니었다. 컵밥을 좀 더 많은 대중에게 알리고는 싶은데 뚜렷한 방법을 찾지 못해 고민하고 있었다.

좀 더 구체적으로 머리를 맞대야 할 때였다. 어쩌면 컵밥이 앞으로 한 걸음 더 나아갈 수 있느냐 없느냐를 결정하는 중요한 시점이기도 했다. 그렇다면 어떻게 우리를 미국에, 더 나아가서 전 세계에 알릴 수 있을까? 그때 ABC 방송 프로그램인 〈샤크 탱크〉가 떠올랐다. 〈샤크 탱크〉는 2009년부터 방영되고 있는 리얼리티 오디션 프로그램으로, 소자본의 사업가들이 자신의 사업 아이템을 가지고 피칭을 해서 '샤크'라고 불리는 심사위원들에게 투자를 받는 형식으로 진행된다. 미국에서 사업하는 사람들은 모두 챙겨서 볼 정도인 데다가, 미국뿐만 아니라 세계적으로 매우 인기 있는 프로그램이다.

〈샤크 탱크〉에 나갈 수만 있다면 샤크들에게 최종 선택을 받지 못한다고 할지라도 컵밥의 존재만큼은 제대로 알릴 수 있는 계기가 될 것 같았다. 일단 마음을 먹었으니 다음은 무조건 직진이었다. 바로 〈샤크 탱크〉에 신청서를 냈고, 7번 넘게 오디션을 봤다. 오디션을 보는 중간중간에 어떻게 하면 더 톡톡 튀고 재미있게 우리를 어필할지 고민했고, 결국 파이널에 오른 열다섯 팀 중에서 컵밥도 당당하게 한자리를 차지했다. 그런데 거기서 끝이 아니었다. 열다섯 팀 중에서도 단 세 팀만 방송에 나온다고 했다. 이미 방송을 본 독자라면 알겠지만, 그 세 팀 중 한 팀이 바로 컵밥이다. 방송에 나가기 전 이전 방송을 수십, 수백 번도 더 돌려보면서 심사위원들을 분석했다. 어떻게 해야 매력적으로 피칭할 수 있을지 수없이 바꿔가며 연습하고 또 연습했다. 하지만 어떤 질문이 나올지, 어느 게스트가 심사위원으로 등장할지조차 알 수 없었다. 그야말로 모든 것이 극비였다.

모든 샤크들에게서
딜을 받다

〈샤크 탱크〉 촬영 세트장에는 가족들도 들어갈 수 없었고, 나와 함께 피칭할 파트너 그리고 헤드 셰프를 포함해 세 사람만이 들어갈 수 있었다. 이미 출연 자체만으로도 엄청난 홍보이기에 처음에는 큰 욕심 없이 그저 컵밥을 알리자는 마음이었는데, 막상 피칭 후보로 뽑히고 나니 단순히 컵밥의 존재만을 알리고 돌아오고 싶지 않았다. 이왕 간 김에 샤크들의 마음을 움직이고 싶었다. 단 한 명이라도 컵밥에 투자하고 싶도록 만들고 싶었다. 심장이 튀어나올 것처럼 두근거렸다. 피칭 오프닝으로 고(故) 앙드레 김 선생님의 패션쇼 하이라이트 장면을 선보였고, 한국적이면서도 익살스럽게, 유머러스하지만 가장 우리답게 그리고 컵밥답게 피칭을 시작했다. 첫 등장부터 피칭이 끝나는 순간까지 샤크들은 우리를 보며 배꼽을 잡고 정신없이 웃었다. 우리의 피칭은 재밌었고 임팩트 넘쳤고, 게다가 굉장히 매력적이었다.

과찬이었지만, 샤크 중 한 심사위원은 지금까지 〈샤크 탱크〉 역사상 가장 맛있는 음식이었다고 극찬을 아끼지 않았다. 아마도 우리가 전달하고자 한 컵밥의 맛과 즐거운 분위기를 피칭을 통해 최고로 끌어올렸기에 가능한 평가이지 않았을까 싶다. 그럼 결과는 어땠을까? 우리는 다섯 명의 샤크 모두에게 파트너 제안을 받았으며, 금액은 요식업 관련 피칭 중에서 가장 큰 규모의 액수였다.

피칭이 끝나고 가장 놀라웠던 건, 샤크들에게 선택받기 위해 설득해야 하는 오디션이었음에도 불구하고, 오히려 샤크들이 우리에게 선택받기 위해 앞다투어 피칭을 시작한 것이었다. 평소 자기가 제시한 가격에 딜을 잘 하지 않던 샤크는 컵밥을 세계적인 브랜드로 만들어 주겠다면서 두 번이나 가격을 조정했다. 최종적으로 우리는 당시 텍사스 매브릭의 구단주이자 억만장자인 마크 큐번과 딜을 맺었지만, 〈샤크 탱크〉 출연 이후 최종 계약까지는 성사되지 않았다. 하지만 출연 이후 계약과 관련한 내용이 오가는 내내 우리는 마크 큐번에게 깊은 존경심을 가지게 되었다. 그가 왜 바닥에서 시작해 억만장자가 될 수 있었는지를 배울 수 있었던 귀한 경험이었다. 결과적으로는 출연 이후 전 매장의 매출이 크게 올라간 것은 물론이고 컵밥이라는 브랜드가 알려지는 데 큰 역할을 했다. 미국뿐만 아니라, 한국에서도 방송을 본 여러 매체에서 인터뷰 요청이 쇄도했다.

많은 사람들이 컵밥의 행보에 놀라곤 한다. 도대체 어떻게 이렇게 독특한 일들만 골라서 하는지 신기해하며 묻기도 한다. 그럴 때마다 우리가 전하는 답은 늘 한결같이 똑같다. 일단 한번 해 보면 그다음은 더 쉬워진다는 것. 직접 해보기 전에는 단순히 '나도 한번 해보고 싶다'라는 마음가짐에서 끝나는 경우가 대부분이다. 하지만 일단 한번 해보는 시도들이 쌓이다 보면 하고 싶은 일이 생길 때마다 생각에서 그치지 않고 행동으로 이어진다. 생각을 마쳤다면, 입 밖에 낸 뒤 작은 것부터 바로 실행에 옮기는 꾸준한 노력이야말로 앞으로 나아가게 해준다. 이것이 바로 삶의 가장 큰 진리이다. 원하는 아이디어가 있다면, 구글을 켜서 검색을 하고, 전화나 이메일을 통해 연락을 보내보면 어떨까? 그 작은 행동들이 결국 유의미한 발전이 아닐까?

컵밥이 이뤄낸 대부분은 내가 특별한 재능이 있다거나 훌륭한 사업가라서가 아니다. 다만, 대부분의 사람들은 〈샤크 탱크〉를 보며 먼 나라의 얘기인 것처럼 생각만 했을 뿐이고, 나는 그저 지원해 보자는 생각을 마치자마자 인터넷에 접속해 간단한 지원서를 작성해 보냈을 뿐이다. 누구나 할 수 있다. 일단 해보면 두려움이 적어지고 내공이 쌓인다. 컵밥의 모든 도전은 그렇게 시작됐다. 생각에서 끝나면 그저 생각일 뿐이다. 아무리 거창한 꿈도 역시 꿈만 꾸면 꿈에서 끝이 난다. 이것이 구체적인 행동으로 이어졌을 때 비로소 목표가 되고 실제가 된다.

누군가는 컵밥이 운이 좋다고 말할지도 모르겠다. 노량진 골목에서 컵밥을 파는 리어카들을 보면서 아이디어를 얻어 여기까지 승승장구할 수 있었던 데에는 물론 운과 같은 신의 영역도 있었을 것이다. 하지만 미국인들을 사로잡기 위해 쓰레기통을 뒤져가며 모든 메뉴를 현지화하고, 우리만의 독특하면서도 고유한 브랜딩을 확립하고, 한국 문화를 접목시켜 컵밥만의 가치를 만들어가는 우리의 노력을 운이라고만 치부하고 싶지는 않다. 〈샤크 탱크〉의 출연 역시 단순한 운이 아니었다. 계속해서 길을 닦아놓은 컵밥 크루들의 보이지 않는 땀과 눈물 덕분에 기회가 왔을 때 놓치지 않고 낚아챌 수 있었다. 먹이를 사냥하기 위해 몇 시간이고 웅크려 먹잇감을 탐색하는 호랑이처럼, 컵밥도 오랜 준비와 기다림 끝에 먹잇감을 발견했고 실패 없이 사냥할 수 있었다.

컵밥의 모든 도전은 그렇게 시작됐다.

생각에서 끝나면 그저 생각일 뿐이다.

아무리 거창한 꿈도

역시 꿈만 꾸면 꿈에서 끝이 난다.

이것이 구체적인 행동으로 이어졌을 때

비로소 목표가 되고 실제가 된다.

정, 덤, 흥의 민족

    당시 미국에서는 한식보다 일식 사업을 하는 한국 분들이 많았다. 조금 더 앞서 한국에서 미국으로 온 이민자들을 살펴보면, 대개 일식집을 열어 돈벌이를 하는 분들이 많았고, 그뿐만 아니라 한국인이라는 정체성을 숨기고 일본 말을 하면서까지 장사하는 이들도 있었다. 지금도 그렇지만, 그때는 일식이 워낙 유명했고 고급스러운 이미지에 돈도 많이 벌 수 있었기 때문이었다. 그래서 일식집을 하는 분들이 한국인이라는 정체성을 드러내기란 쉽지 않았을 것이다. 일식은 결국 일본 음식이었으니 말이다.

컵밥을 시작하면서 처음부터 한글이나 한국을 앞세우려고 했던 것은 아니었다. 처음 컵밥을 시작할 때만 해도 한국 음식은 미국인들에게 전혀 관심의 대상이 아니었다. 지금처럼 전 세계 사람들이 케이팝이나 케이 컬처(K-culture)에 환호하는 기조가 아니었고, 한글을 알아보는 사람도 드물었기 때문에 굳이 한글을 전시할 필요도 없었다. 그런데 우리는 첫 로고를 만들었을 때부터 인테리어, 포스터 할 것 없이 굳이 지켜온 컵밥의 곤조가 있다. '최대한 모든 디자인에 반드시 한글을 반영할 것!' 주변에서 "어차피 한글 넣어봤자 그림으로밖에 안 보여"라고 했을 땐 오히려 한글을 더 크게 넣었다. 컵밥은 미국에서 한국 음식과 문화를 전달하는 입문 브랜드인데, 모르는 걸 가르쳐 주는 것도 일종의 문화 경험이 아닐까? 또 내 정체성이 그리고 컵밥의 정체성이 한국인데, 한글 좀 뽐내면 어떤가? 해서 컵밥 메뉴가 담긴 용기에는 'CUPBOP'이라는 브랜드명과 함께 '컵밥으로 우주 정복'이라는 한글 문구가 당당히 적혀 있다. 그와 더불어 최근에는 컵밥의 매장이 단순히 한식을 먹으러 오는 곳이 아닌 한국을 경험할 수 있는 곳으로 거듭나기 위한 여러 가지 시도를 기획하고 있다. 소셜 미디어 이벤트나 새로 런칭한 포인트 앱을 통해 받을 수 있는 리워드 상품을 한국과 관련된 상품으로 소개하는 것이 바로 그 예라 할 수 있다.

게다가 지금이 어떤 시대인가? 미국인조차 한국 노래를 찾아 듣는 케이 컬처(K-culture)의 시대다. 외국에서 한식을 파는 컵밥에게 있어 한글은 가장 강력한 마케팅 수단이 되었다. 지금이 바로 한식뿐만 아니라 한국의 즐거운 문화를 마케팅의 수단으로 활용할 수 있는 최고의 기회이지 않을까?

전 애국자가
아니에요!

미국에서 사업을 하다 보면 당연히 '송정훈'이라는 이름을 어려워하고 낯설어하는 사람들을 만난다. 하지만 나도 그렇고 내 아이들 역시 한국 이름과 영어 이름을 번갈아 사용하며 애매모호한 정체성을 갖게 하고 싶지는 않았다. 그래서 우리 아이들은 영어 이름이 없다. 나와 아내 또한 명함에 한국 이름을 그대로 사용하거나, 내 경우 '정훈'의 '정(Jung)'을 따서 사용한다. 남들은 이런 나를 두고 애국자라고 하는데, 그런 의미는 전혀 아니다. 다만, 미국 사람이 한국에 가서 "제 이름은 이철수예요"보다 "제 이름은 브랜든이에요"라고 소개하는 게 그 사람의 정체성이 더 분명해 보인다는 지극히 개인적인 생각에서 고집을 좀 부려봤다. 'CUPBOP'이라는 말도 영어 단어인 '컵'과 우리말인 '밥'을 반씩 섞어서 만들었다. 우리는 한국이라는 나라에서 온 외국인이지만 미국인들이 좋아하는 소스와 맛으로 한식을 풀어서 만들었다는 의미를 전하고 싶었다. 여기도 한식과 한국의 정체성은 지키되 미국 사람들에게 친근한 의미를 더한 컵밥의 정체성을 분명히 하고 싶었다. 해외에 나와 살다 보면 누구나 어느 정도는 애국자가 된다고들 한다. 워낙 타국 생활이 외롭고 힘들기 때문에 모국을 향한 그리움이 커지니 자연스럽고 당연한 현상이다.

하지만 내가 엄청난 애국자라서 컵밥에 한글을 끼워 넣은 것은 아니었다. 솔직히 말하자면 한글이라는 수단을 통해 한국 음식이라는 브랜드 정체성을 세우기 위해 활용하지 않을 이유가 없어서였다.

코카콜라와 계약을 할 때였다. 미국 브랜드인 코카콜라에는 당연히 한글이라는 선택지가 없었지만, 컵밥에 들일 기계에는 'coca-cola'라는 미국 브랜드명이 아닌 우리말 '코카콜라'를 넣고 싶었다. 우리는 호기롭게 컵밥이 한식 브랜드이니 음료도 한글로 표기하고 싶다고 주장했다. 농담조로 허락해 주지 않으면 코카콜라가 아닌 펩시와 계약하겠다는 귀여운 협박도 했다. 작은 브랜드이긴 하지만 이런 우리가 기특했는지, 아니면 한국 문화의 비상에 동참하려는 시도였는지는 모르겠지만, 결국 코카콜라는 한글 표기를 승인해주었다. 그래서 컵밥에 방문하면 코카콜라 기계에 한글로 적힌 '코카콜라' 문구를 볼 수 있다. 이 또한 매장을 방문하는 고객에게는 작지만 색다른 경험이 아닐까?

이제는 우리에게 먼저 다가와서 떠듬떠듬 한글로 말을 거는 사람들이 많아졌다. BTS나 블랙핑크 같은 아이돌뿐만 아니라, 수많은 한국 아이돌의 이름에 열광하며 춤을 따라 하는 젊은 친구들을 만날 때마다 대한민국의 위상이 얼마나 높아졌는지 실감할 수 있다. 난 그런 모국의 위상에 그저 뿌듯하고, 자랑스럽고, 감격스러울 뿐이다.

오직 한없이 갖고 싶은 것은
높은 문화의 힘

대한민국의 독립을 위해 힘썼던 김구 선생님을 존경한다. 외국에서 한식을 팔다 보니 때론 마치 내가 한국의 얼굴인 것만 같아서 한국에 대한 선입견이 생기지 않도록 몸가짐과 말을 더욱 조심하게 된다. 독립운동을 하는 가운데 칠흑 같은 하루하루를 견디면서도 오직 독립의 염원만을 가슴에 품었던 김구 선생님이 하신 말씀이 있다.

"오직 한없이 갖고 싶은 것은 높은 문화의 힘이다."

당장 나라를 뺏기고, 옆에서 내 가족과 백성들이 죽어가고 있는데 돈도 음식도 아닌, 남의 것을 모방하지 않는 우리만의 높고 새로운 문화를 갖고 싶다니. 문화라니! 지금에서야 선견지명을 갖춘 현인의 말씀이라고 칭송하겠지만, 당시에는 정말로 혁신적인 내용이었을 것이다. 머릿속에서 종이 울리는 느낌이었다. 그리고 이제는 상당히 수준 높은 우리나라의 아름답고 근사한 문화를 내가 몸담고 있는 지역 사회에 알리고 싶다는 목표가 생겼다. 그렇게 기업 사명이 탄생했다.

"온 우주의 창조물이 컵밥을 경험하는 그날까지 우리는 음식과 서비스, 문화의 완벽을 추구하기 위해 노력한다"이다. 그렇게 컵밥은 한국 음식을 소개하는 데에서 그치지 않고 한국식 서비스와 문화까지 아우를 수 있도록 노력한다. 컵밥의 성공 요인에는 단순히 음식의 맛에만 있지 않다. 요식업이니 맛은 당연하고 무언가가 더 필요했다. '아무리 맛있다고 해도 미국인들에게 생소한 외국 음식이 친근해지려면 어떻게 해야 할까?' '버거나 피자만큼은 아니더라도 그들에게 익숙한 음식이 되려면 뭐가 필요할까?'를 고민하다가 '전통시장'이 생각났다. 백화점에는 없는, 내 지갑을 기분 좋게 열게 하는 동력이 넘치는 한국의 전통 재래시장. 그래, 전통시장에서 상점 주인들이 손님들을 홀리게 하는 것처럼, 내가 오래전 단란주점과 식당에서 서빙을 하며 손님들을 즐겁게 해주었던 때처럼 기분 좋은 광대가 되어보자. 손님들의 마음을 훔쳐보자. 사람들을 웃게 만드는 것만큼은 자신 있으니, 내가 그리고 컵밥이 할 수 있는 것을 해보자고 생각했다.

컵밥만의
시스템을 구축하다

그러려면 우선 나부터 즐거워야 했다. 억지로 떠밀려 하는 것이 아니라 지금 이 순간 당신을 만나서 너무 반갑고 즐겁다는 것을 진정성 있게 보여주고 싶었다. 우리는 정, 덤, 흥의 민족이 아닌가? 신나는 음악을 틀고, 손님이 오면 이름을 물어 기억해 두었다가 다음에 또 오면 이름을 불러주고 서비스로 시키지 않은 만두를 하나 더 줬다. 우리에게는 익숙한 '정'과 '덤'과 같은 서비스 문화는 미국인들에게 이질적인 것이었다. '도대체 만두를 왜 공짜로 주는 거지? 왜 이렇게 목청 터져라 소리를 지르지? 밥을 파는데 춤은 왜 추는 거지? 왜 이렇게 웃기지?' 이처럼 다른 의도가 있어 보일 만큼 텐션을 높여서 춤추고 노래하고 떠들어댔다. 그렇게 어떠한 대가를 바라지 않은 순수한 접객에 손님들은 차츰 마음을 열고 반응하기 시작했다. 기대하지 않은 뜻밖의 친절과 환대에 즐거워했고, 단골손님들이 늘어나기 시작했다.

나의 방식이 통한 것이었다. 하지만 이런 서비스에는 결정적인 단점이 있었다. 사람들 성향이 다 천차만별인데, 모든 직원들이 나처럼 목이 터져라 소리를 질러가며 반갑다고 호들갑을 떨 수는 없었다. 게다가 나는 오너이고 그들은 직원이니 일하는 자세도 결코 같을 수 없었다. 그렇다면 이런 정, 덤, 흥 문화를 어떻게 시스템으로 만들 수 있을까? 그렇게 탄생한 것이 바로 컵밥 직원을 위한 '문화 매뉴얼'이다. 손님들이 메뉴를 오랫동안 보며 고민하고 있으면 "처음 오셨나요?(Is this your first time?)"라고 물어보게 했다. 처음 왔다고 대답하면 "첫 방문이에요! 엑스트라 더줘!(First timer, extra!)"라고 외쳤고, 여러 번 방문한 적이 있다고 말하면 "단골이군요! 감사해요!(Cupbopper, thanks you!)"라고 다 함께(혼자 하면 창피하니까) 구호를 외치도록 아예 지침을 만들어 버렸다. 그게 반응이 좋아서 "10번 소스요? 엉덩이에 불나요!"와 같은 관심 구호나, 매장을 떠나는 손님에게는 "내일 또 봐요!"와 같은 황당 유쾌한 구호 등과 같은 컵밥의 시그니처 구호들이 탄생했다. 목소리는 크고 경쾌하게. 푸드 트럭과 매장이 이렇게 시원시원하고 늘 활기차 있으니 찾아오는 손님들의 기분도 덩달아 즐거워졌다. 컵밥을 떠올리면 자연스럽게 긍정적인 분위기가 만들어지는 것이다.

정과 덤을 주니 그로 인해 흥까지 발생했다. 내 소울푸드가 떡볶이인 이유는 떡볶이 자체의 맛보다는 방과 후 친구들과 호호 불어가며 맛있게 먹던 그 추억 때문이 아니겠는가. 해서 우리는 손님들에게 그런 즐거운 경험을 제공하기 위해 노력하고 있다. 이렇게 아름답고 매력적인 한국의 고유한 정, 덤, 흥을 더 넓은 세상에 알리고 컵밥을 행복을 파는 브랜드로 구축해 나가고 싶다. 이렇게 하다 보면, 김구 선생님께서 말씀하신 '문화의 힘'을 컵밥에서도 키울 수 있지 않을까?

컵밥 마니아는 어떻게 생겨났나

수많은 요식업 브랜드가 생겼다가 소리 소문 없이 사라진다. 음식점은 음식만 맛있으면 생존할 수 있을까? 트렌드를 피할 수 없는 운명일까? 이 질문에 나는 '고객과의 소통'이라는 답을 내렸다. 아마 이는 외식업뿐만 아니라 모든 기업이 경험하는 어려움이 아닐까 싶다. 특히 요식업에 있어 맛있는 음식은 당연하다. 하지만 세상에 음식을 잘하는 사람이 얼마나 많은가. 그럼 우린 어떤 브랜드가 되어야 할까? 어느 날 아내가 매니저들을 모아두고 컵밥 문화를 교육하는데, 이런 예시를 들었다. 어렸을 적 떡볶이를 먹던 단골 가게가 있었는데 사실 주변에 비슷한 떡볶이를 파는 곳이 두세 군데가 더 있었단다. 그럼에도 불구하고 몇 년 동안 한 떡볶이집만 줄곧 방문했는데, 그 이유는 바로 주인 아주머니가 건네주시던 따듯한 말 한마디와 덤으로 얹어주던 떡볶이 하나, 오뎅 하나의 매력에 빠져서 그 가게의 골수팬이 되어버렸다는 것이었다. 괜히 다른 가게를 가보고 싶어도 스스로 배신하는 것 같아 찝찝했다고. 그런 팬덤 문화에 기반하여 우리는 컵밥을 '푸드 서비스'가 아닌 '푸드 엔터테인먼트'라고 부르며, 친절한 소통을 목표로 한다. 그 덕분에 컵밥 마니아들이 생겼고, 정말 감사하게도 이제 그들은 단순한 손님이 아니라 우리에게 응원과 지지를 보내주는 팬으로서 자리하고 있다.

일관된 자세로 진정성 있는 소통을 한다는 게 생각만큼 간단하지는 않았다. 우리는 더 이상 소수의 매장과 직원이 아니기에 이런 기업 정신을 유지하는 데에는 지속적이고 끊임없이 발전하는 컵밥의 헤리티지 교육이 필요하다. 물론 모든 직원과 매장이 완벽하다고 할 수는 없지만 우리는 꾸준히 포기하지 않고 음식과 서비스만큼이나 문화를 중요하게 교육해 왔다. 규모가 커지면 훨씬 힘들다는 문화 교육을 고수해왔기에 우리가 조금씩 발전시킨 컵밥다움에 반응이 생기기 시작했다.

세 살 꼬마에게
인생 최고의 날을 선물하다

어느 날 한 손님이 자신의 SNS에 아이의 영상을 올렸다. 영상 속 세 살 남짓한 아이는 자동차 안에서 서럽게 울고 있었다. 엄마가 왜 우냐고 묻자 아이는 컵밥 트럭이 떠났다면서 울음을 그치지 못했다. 그 영상 속 꼬마 팬이 너무 귀여워서 컵밥의 팬을 위한 이벤트를 해보기로 했다. 게시물을 올린 부모에게 동의를 구하고 컵밥 공식 SNS에 영상을 공유했다. 100개의 '좋아요'와 댓글을 받으면 아이의 집 앞으로 푸드 트럭을 몰고 가서 깜

짝 이벤트를 하겠다는 공약을 걸었다. 그러자 한 시간도 채 되지 않아 7,000명이 넘는 사람들이 '좋아요'를 눌렀다. 우리는 기쁜 마음으로 트럭을 몰고 아이의 집 앞으로 갔다. 눈을 가리고 부모의 손을 잡고 마당으로 나온 꼬마 팬은 우리를 보자마자 흥분하기 시작했다. 이벤트가 끝나갈 무렵, 아이가 울면서 "오늘이 내 최고의 날이에요!"라고 말했다.

그때부터 정기적으로 방문 이벤트를 하고 있다. 장소는 매번 바뀐다. 누군가의 집 앞이 되기도 하고, 누군가의 학교, 혹은 누군가의 직장이 되기도 한다. 컵밥을 좋아하고 아끼는 사람이라면 누구나 컵밥의 주인공이 될 수 있다. 좋아하는 연예인의 활동을 응원하는 마음으로 팬들이 보내주는 커피차나 분식차 같은 개념을 적용한 것이다. 태어나 한 번도 이런 서비스를 받아본 적 없는 사람들은 컵밥이 등장하자마자 웃음을 듬뿍 지으며 행복해한다. 평생 잊지 못할 선물을 받았다며 즐거워하는 모습을 보면 우리도 덩달아 행복해진다. 사실 매출 측면에서 보자면 품도 많이 들고 큰돈이 되지도 않지만, 가장 컵밥다운 마케팅이라고 판단했다. 게다가 이런 이벤트는 평생 컵밥 팬을 만들어주니 사실 그 가치는 돈으로 환산할 수조차 없다. 가족을 떠나보낸 사람, 어려운 현실에 처한 사람, 컵밥을 너무 사랑한다는 사람, 지역사회에 헌신적인 사람 등 수없이 많은 주인공을 위해 이벤트를 열면서 느낀 것은 결국 행복해하는 그들을 통해 우리가 더 큰 사랑과 행복을 얻었다는 사실이다. 이벤트를 진행할 때마다 그들에게서 인생 최고의 날이라는 감사를 듣지만, 사실 매 순간 우리에게 더 큰 감동이자 최고의 날이었다.

부랑자에게 건넨 작은 친절

때는 한여름의 어느 행사장이었다. 시내 한복판에서 대형 이벤트가 열리고 있어서 뜨거운 날씨에도 불구하고 많은 사람들로 문전성시를 이루고 있었다. 우리도 푸드 트럭을 몰고 장사를 하기 위해 함께했다. 트럭에는 에어컨이 없었고, 이벤트 특성상 새벽부터 저녁까지 머물러야 했기에 트럭 안에 있는 직원들은 순식간에 땀범벅이 되었다. 모두가 점점 지쳐갔지만 긴 줄을 마다하지 않고 기다려주는 손님들 덕분에 "컵밥"을 외치며 마지막 남은 힘까지 내고 있던 차였다.

그때, 우리 트럭에 줄을 선 손님 옆으로 부랑자가 서성이고 있었다. 안 그래도 뜨거운 여름이라 불쾌한 상황에서 냄새를 풍기며 주변을 돌아다니는 부랑자의 모습에 짜증이 났는지 기다리는 손님들은 언짢은 표정을 숨기지 않았다. 그러자 우리 직원 중 하나가 부랑자에게 말을 걸었다. "배고파요?" 하고 묻자, 그가 "네, 그런데요" 하고 무뚝뚝하게 대답했다. "목은 안 말라요?"라고 물으니 "말라요"라는 건조한 대답이 다시 돌아왔다. 직원은 잠시 기다리라고 말한 뒤 컵밥을 한 그릇 만들어 트럭 밖으로 나와 차가운 물병과 함께 직접 그 부랑자에게 건네 주었다. 그 일을 곁에서 지켜보던 손님에게서 정성 가득한 장문의 메시지가 왔다. 잠시나마 짜증을 냈던 자신이 너무나 부끄럽다면서 컵밥의 행동에 감동을 받았다는 것이었다. 단순히 공짜로 음식을 내주어서가 아니라, 직원이 트럭에서 내려 차가운 물과 함께 직접 손에 컵밥을 쥐여 주는 모습이 충격적일 만큼 아름다웠다고 한다.

미국에서도 대도시에 속하지 않는 유타는 백인의 비율이 거의 80% 이상이다. 그런 곳에 동양인들이 생뚱맞은 한식 푸드 트럭을 몰고 장사를 하겠다며 갑자기 나타났다. 지역 사회에서도 우리가 낯설고 어색했을 것이다. 하지만 이 시간 동안 음식을 통해 이들과 자연스럽게 어우러지고, 사회의 일원으로 속하기 위한 작은 노력들이 조금씩 받아들여지는 과정을 보면서 우리가 틀리지 않았음을 실감할 수 있었다. 난 이것이 단순히 음식을 친절하게 서빙하는 데에서 그치지 않고 누구에게나 진심을 나눠주는 크루들 덕분에 빠르게 동화될 수 있었다고 믿는다. 흔히 미국을 '소송의 나라'라고 표현한다. 개인이 조금만 피해를 입었다고 생각해도 주저없이 책임을 묻는 문화이기 때문이다. 하지만 유타에서 소신을 가지고 성장해온 컵밥을 지켜봐 주고 지역의 명물이라고 엄지를 들어주는 단골손님들 덕분에 큰 어려움 없이 자연스럽게 유타에 녹아들었다. 오히려 우리에게 피해가 될까 봐 지적할 사항들이 있으면 비밀 요원처럼 조심스레 다가와 알려주기도 한다. 이것이 진정한 팬덤 아니겠는가.

푸드 트럭 한 대로 시작할 때부터 지금까지 컵밥을 사랑해 주는 마니아들이 계속해서 늘어나고 있다. 새로운 매장이 열릴 때마다 꼭 찾아와주고, 실수가 있어도 비난하기보다 자기 일처럼 걱정해 주는 단골들 덕분에 지금의 우리가 있다. 컵밥이 점차 몸집이 커지고 관리해야 할 직원들도 늘어나면서 때때로 초심을 유지하기가 힘들 때도 있다. 너무 바쁘다거나, 응대할 사람이 부족하다는 이유로 이 정도는 그냥 넘겨도 되지 않을까 싶은 적도 있었고, 진정성 있는 마음을 나누는 '컵밥 정신'을 모든 직원들에게 교육시키는 것이 버거울 때도 있다. 지금도 충분하다는 생각에 적당히 하고 싶을 때도 있지만 컵밥의 태도와 분위기를 사랑하고 아껴주는 손님들을 생각하면 도저히 모르는 척 지나칠 수가 없다. 우리는 찾아주는 사람들이 있는 한 컵밥다움을 계속해서 유지할 것이다. 아무리 힘들고 바빠도 손님들을 정성으로 대하는 시간과 웃을 여유는 언제든지 있다. 푸드 서비스가 아닌 푸드 엔터테인먼트답게 앞으로도 가장 컵밥다운 모습으로 손님들을 맞이할 것이다.

유일무이한
브랜드의 힘

컵밥의 최종 목표는 오랫동안 살아남을 수 있는 내셔널 브랜드로 자리 잡는 것이다. 처음 〈샤크 탱크〉에 출연해서 생각보다 훨씬 더 큰 호응을 얻었을 때 우리 모두 얼떨떨했을 정도로 반향이 컸다. 그저 컵밥을 좀 더 널리 알리려는 목적에서 시작한 일이었는데 감사하게도 참 많은 사랑으로 이어진 것이다. 컵밥을 시작했을 때부터 꾸준하게 프랜차이즈 제안이 왔지만, 미디어 출연 이후 가맹 문의가 폭주했다. 단기적인 이익에 욕심을 냈다면 기회를 놓치지 않았을 것이다. 그리고 결코 그 선택이 잘못된 것도 아니다. 사업체를 운영한다면 일차적으로 조직의 규모를 키우고 매출을 증대시키는 것이 너무나 당연하기 때문이다.

실제로 컵밥을 운영하면서 정말 많은 유혹에 시달렸다. 장기적으로 봤을 때는 결코 건강한 방식이 아니었지만, 당장 앞만 봤을 때는 너무나 달콤한 매력적인 제안들이 쏟아졌다. 백지수표를 내미는 사람도 있었고, 프랜차이즈의 확장을 무한대로 제안하는 사람들도 있었다. 하지만 무리하게 욕심을 내서 감당하지 못할 리스크를 만들 바에는 어떤 제안도 수락하지 않는 쪽을 택하기로 했다. 오직 오랫동안 살아남는 브랜드를 만들기 위한 집념으로 모든 유혹을 물리쳤다. 투자자들의 제안을 수락했다면 한순간에 엄청난 부를 손에 넣을 수도 있었을 것이다. 힘들고 어려운 매일을 보내는 대신 은퇴하고 편안한 생활을 영위할 수도 있었다. 하지만 컵밥이라는 아시안 브랜드를 다른 글로벌 기업처럼 탄탄한 기업으로 만들어 유지하겠다는 목표를 포기할 수는 없었다.

그래서 같이 나누면서 공생할 수 있는 삶을 꿈꾸는 우리의 모토에 따라, 프랜차이즈 매장을 낼 때도 함께한 직원들에게 가장 우선적으로 기회를 주고 있다. 컵밥이라는 브랜드를 만들고 발전시켜 가는 과정에서 늘 우선시되었던 것은 회사의 확장과 함께 더불어 직원들의 성장과 행복이었다. 그 안에서 근사하게 한 획을 그어보겠다는 우리의 태도가 컵밥을 아끼고 사랑해 주는 마니아들을 만들어낸 것이 아닐까?

유혹을 이겨내는
원칙과 루틴의 힘

 회사가 원칙을 세우는 건 목표를 이루기 위해 앞으로 나아가는 방식들에 있어 선택의 척도가 된다. 아무리 견고한 원칙이 있어도 때론 흔들리고 넘어지는 것이 사람이지만, 그럼에도 불구하고 많은 유혹을 마주할 때마다 원칙은 타협해서는 안 되는 기본을 분명히 해준다. 사업을 하다 보면 크고 작은 유혹들을 마주한다. 특히 사업 초창기에는 회사가 따라야 하는 원칙을 정한 적도 없었기에, 효율성과 이윤을 좇아 종종 갈대처럼 갈피를 못 잡기도 했다. 당시에는 오늘은 이렇게 했다가 내일은 또 저렇게 해보기도 하면서 상황에 따라 좋은 게 좋은 것이라는 마음으로 융통성을 발휘하는 거라 믿었다. 재료가 싸면 업체를 바꿨고, 음식 관리나 조리 방식을 타협하고 싶을 때도 있었고, 휴일에 큰 행사가 있으면 가족들과 시간을 보내기보다 한 푼이라도 더 벌고 싶을 때도 있었다. 트럭 초기에 상업 주방이 아닌 집에서 음식을 만들다가 규정을 어겼을 때도 '내 집 주방이 훨씬 크고 깨끗한데?' 하고 무식한 소리를 하다가 가게를 닫을 뻔한 적도 있었다. 사실 원칙이란 게 세우기도 어렵지만 지키는 건 더욱 어렵다.

지금은 회사의 기업 사명과 정확한 원칙을 세우고 반드시 지키려고 노력하지만, 그때는 하루이틀을 어기기 시작하자 나중에는 기존의 원칙들이 무뎌지고 결국 붕괴되는 결과에 이르렀다. 시스템이 망가지자 모든 것이 무너질 위기에 처한 것이다. 그때부터 다시 처음으로 돌아가기로 결심했다. 애초에 컵밥을 시작하면서 내가 가졌던 목표와 소신이 무엇이었는지 다시 되새겼다. 매출도 물론 중요하지만, 그보다 우선되는 신념이 있었다. 가족들에게 부끄럽지 않도록 떳떳하고 당당하게 사업에 임하고, 그를 통해 모두가 행복해지는 구조를 만드는 것이었다. 내가 원하는 목표를 달성하기 위해서는 반드시 확실한 원칙이 필요했다. 그리고 지속적으로 루틴을 만들어 지키는 마음가짐이 뒤따라야 했다.

컵밥의 두 가지 원칙

일단 두 가지 기본 원칙을 세웠다. 본사에서 다양한 결정을 내릴 때 지켜야 하는 여러 원칙이 있지만, 매장 차원에서는 당연한 기본 원칙에 충실하기로 했다. 첫째는 꼼수 부리지 않고 정직할 것. 불법적인 일은 어떤 것도 용납하지 않고, 음식 사업의 가장 기본이 되는 위생에 철저할 것. 입으로 들어가는 음식인 만큼 청결과 위생을 가장 우선순위로 두고, 위생청에서 제시하는 규정이 수백 개든, 수천 개든 최선을 다해 엄수하는 것을 중요한 원칙으로 삼았다. 둘째는 일단 기준을 세웠다면 용납하지 말 것. 오랜 고민과 논의 끝에 원칙을 정했다면 반드시 지키도록 했다. 원칙을 세워놓고 형편에 따라 매번 바꿔서 이용한다면 그것은 더 이상 원칙이 아니라 편의를 위한 타협에 불과하다. 해당 원칙을 왜 세웠는지 늘 기억하고 모두가 함께 지킬 수 있도록 노력해야 한다.

원칙을 세웠으니 이제는 매일의 루틴을 통해 몸에 체화시킬 차례였다. 회사의 초기 성장 과정에서는 정확한 원칙과 기준을 분명히 전달하지 못했다. 그저 당연히 알아서 기본적으로 해야 하는 것으로 생각했기에, 매장이 급작스럽게 늘어나면서 하나의 기준을 세우는 데 많은 시행착오를 겪어야 했다. 이럴 때 지름길이란 없다. 포기하지 않는 꾸준한 트레이닝만이 정석이다. 회사가 타협할 수 없는 우선순위를 세우고 강박적으로 보일 만큼 지속적으로 강조하다 보니 어느새 시키지 않아도 직원들이 먼저 가장 우선적으로 위생을 챙기기 시작했다. 물론 처음부터 루틴화하는 것이 쉽지는 않았다. 각 매장마다 음식의 온도, 주방의 청결, 요리하는 방식 등 자신들 편의대로 만들어낸 익숙한 방식들이 있었기 때문이다. 당장 즉각적인 보상이 없었기 때문에 동기 부여가 되지 않았고, 당연하지만 불편하고 귀찮다는 이유로 자꾸만 예전으로 돌아가려는 관성의 법칙이 작용했다. 하지만 그때마다 늘 처음으로 다시 돌아가 기본부터 다시 마음을 다잡았다. 또한 직원을 고용하고, 문제가 있어 해고할 때도 법과 절차에 따라 부합하는 프로세스를 만들었다. 인종 및 성별과 상관없이 나가는 사람들은 늘 각자의 불만이 있기 마련이니 매니저의 감정이 아닌 정부의 기준에 부합해 정당한 사유에 따른 절차를 만들었다. 회계는 유혹이 생길 수 있는 직접적인 숫자와 관련되었기에 무엇보다 정직을 원칙으로 했고 매출 및 숫자 보고 등은 무조건 거짓이나 꼼수 없이 정석으로 한다.

관리하는 매장이 많아지면서 언제나 생기는 작은 실수와 구멍들을 관리하기 위해 지속적인 시스템 관리 및 발전은 필수였다. 물론 좀 더 편하면서 모호한 영역 및 법의 사각지대가 분명 있겠지만, 그럴수록 절대 해서는 안 되는 것, 반드시 지켜야 하는 것만 제대로 인지하고 타협 없이 실천해야만 회사가 헤매지 않고 더 굳건하게 설 수 있다는 것을 명심했다.

원칙과 루틴은
목표 달성을 위한 초석

목표가 분명하고 그 목표를 이루기 위한 일관된 루틴이 있다면 내가 설정한 목표에 더 쉽게 다가갈 수 있다. 또한 수없이 나를 유혹해오는 온갖 것들로부터 자기 통제력을 기를 수 있다. 자주 반복되는 행동은 습관이 되어 큰 노력 없이도 자동적으로 실천하게 되는데, 이는 자기 관리 능력을 키우는 데 중요한 역할을 한다. 또한 시간을 관리하는 데에도 크게 도움이 된다. 원칙과 루틴을 설정하면 일과를 효율적으로 배분할 수 있기 때문이다. 무엇을 언제 할지 명확히 알게 되면 시간 낭비를 줄이고 중요한 일에 더 많은 시간을 할애할 수 있다. 일상에서 예측 가능한 루틴을 유지한 덕분에 불확실성이 줄어들어 스트레스가 감소할 뿐만 아니라 작은 성과들이 누적되어 큰 성과가 나온다. 건강한 습관이 만들어지는 덤까지 누릴 수 있다.

원칙을 세우는 데 가장 위험한 것은 자기 객관화의 부족에서 오는 대표의 아집이라고 믿는다. 특히 조직 내에서 팀원들을 아우르고 이끌어야 하는 리더가 잘못된 방향으로 자기 합리화를 한다면, 당시에는 옳다고 판단될지 모르지만 결국 나중에 보면 100% 틀린 결정이 된다. 끊임없이 나 자신을 검열하고 주변을 통해 환기해야 한다. 지금 컵밥에서 지키고 있는 원칙들은 크루들과 함께 오랜 시간 논의하여 만들어졌고, 더 나은 방향성을 위해 우리는 여전히 끊임없이 치열한 논쟁을 한다. 우리가 옳다고 생각하는 것에 대한 원칙을 세우고 잘 지켜낸 결과는 그 과정을 함께한 직원들로부터 받는 신뢰와 수많은 고객들이 보여주는 브랜드에 대한 사랑일 것이다.

처음에 이와 같은 원리 원칙을 위한 시스템이 없었을 때 중간에 매장이 급속도로 늘어나면서, 직원들도 헷갈리고 실망하는 팬들도 많았다. 만약 그때 이 모든 것을 그저 모두가 겪는 성장통이고 매장이 늘어날수록 어쩔 수 없이 겪어야 하는 당연한 문제로 치부했다면 지금의 컵밥은 존재하지 않았을 것이다.

지금도 우리는 완벽하지 않다. 내가 알든 모르든 분명히 어딘가에는 실수와 구멍이 존재할 테고, 지금도 고객의 불만 사항이 담긴 이메일을 받을 때마다 우리가 가야 할 길이 얼마나 멀고 까마득한지를 매일같이 실감하고 있다. 하지만 그럴수록 융통성보다는 기본을 다시 돌아보려 한다. 그리고 우리의 원칙이 무엇인지, 그것이 브랜드의 성장에 부합한 지에 관해 끊임없이 질문하고 답을 찾아 나가면서 원칙에 더 부합한 브랜드로서 성장하기 위해 고군분투할 것이다.

법과 신념을 지키는 회사의 리더들이 멋지게 성공하는 모습을 통해, 자연스레 그 안에서 직원들이 성장하고 올바른 꿈을 꿀 수 있다면 우리의 목표는 성공이라고 믿는다. 그리고 그 모습은 나와 컵밥의 리더들뿐만 아니라 가족 및 아이들도 분명히 지켜보고 있다. 우리가 나아가는 방향성과 마음가짐은 곧 그들을 비춰주는 내일이자, 우리의 미래다. 지금도 여전히 컵밥은 좌충우돌 중이지만, 그 안에서 중심을 잃지 않기 위해 끊임없이 애쓰고 있다. 돈이나 사업의 성공보다도 중요한 원칙은 분명 존재한다. 내실이 꽉 찬 사람으로 끊임없이 자신을 단련해 가는 것은 인간이 꿈꿀 수 있는 아름다운 권리이자 책임이다.

모른다고 인정하는 용기

우리는 유독 모른다고 인정하는 데 약하다. 잘 모른다고 하면 무시당할까 봐 몰라도 아는 척, 없어도 있는 척 연기를 한다. 특히 자신의 실수를 인정하지 못하는 사람들은 대개 모른다고 말하는 것에 자존심 상해한다. 우리 모두 어렸을 때 작은 실수나 잘못을 숨겼다고 시간이 지나서 더 큰 화를 일으킨 경험을 해본 적이 있을 것이다. 직장 생활 초반에 충분히 수습할 수 있는 작은 실수를 인정하지 않고 숨겼다가 나중에 걷잡을 수 없이 커져서 곤란을 겪는 사람들도 적지 않다. 모른다고 말하며 가르쳐달라고 요청하는 데에는 큰 용기가 필요한 게 사실이다.

사업을 하면서 알게 된 대표님이 있다. 센스 있는 입담에 이야기할 때마다 참 즐거워지는 분인데, 종종 대화를 나누다 보면, 그 대상이 누구든지 "죄송한데, 이 부분은 제가 잘 모르는 부분이라서요. 아까 말했던 게 무슨 뜻인가요?" 하고 묻는 것이었다. 한 회사를 책임지는 대표이지만 자신이 모르는 것을 부끄러워하지 않고 당당하게 물어보는 그의 태도가 참 멋져 보였다. 그런 그의 겸손함과 솔직함에 상대방이 되려 더 친절하게 알려주고 싶어 하는 모습을 여러 번 목격했다.

그때부터 나도 모르는 것에는 모른다고 인정하는 용기를 내기 시작했다. 예전에는 굳이 되묻지 않았다면 이제는 적극적으로 묻고 새롭게 알아가는 과정을 즐긴다. 모른다고 인정하는 것은 내가 배울 준비가 되어 있음을 상대에게 보여주는 태도이기도 하다. 새로운 정보를 받아들일 준비가 되었다는 신호를 전달함으로써 더 많이 배우고 성장할 수 있다. 또한 불확실한 상황에서 잘못된 결정을 내리는 오해와 실수를 줄일 수도 있다. 잘 모르는 상태에서 고집스럽게 잘못된 정보를 고수하다 보면 더 큰 실수를 낳을 가능성이 커지기 때문이다.

나는 '이걸 이렇게까지 쿨하게 인정할 일인가?' 싶을 정도로 당당히 인정하는 편이다. 리더로서 진정한 인정이야말로 나보다 훨씬 더 뛰어난 능력으로 채워줄 실력자를 찾아낼 수 있는 첫걸음이 아닐까? 사실 얼마 전 컵밥 프랜차이즈 매장을 열기로 결심한 한 직원이 내 방으로 찾아와 자세한 숫자에 관한 질문들을 한 적이 있다. 한참 듣고 있던 내가 그 직원에게 "너 사람 잘못 찾아온 거 같아. 난 네가 묻는 질문에 대한 답이 없어"하며 웃으니, 그 직원이 껄껄 웃으며 "네 말이 맞네! 그럼 담당자 찾아갈게"라고 말했다. 그 직원이 '대표가 뭐 이래?'하며 황당해하지 않고, 그렇게 쿨하게 웃을 수 있었던 건, 내가 리더로서 잘하는 영역과 하지 못하는 영역을 분명히 하기 때문일 것이다. 완벽한 영어? 전문적인 회계? 그건 내 영역이 아니다. 난 남보다 훨씬 잘하는 나만의 영역이 따로 있고, 내가 부족한 영역은 나보다 훨씬 잘하는 훌륭한 컵밥의 전문가들이 채워주는 것이 옳다고 믿는다.

더 나은 협업으로의
가능성

우리는 종종 나 자신을 타인에게 완벽한 모습으로 보이고 싶다는 욕망에 휩싸인다. 어떻게 하면 더 매력적이고 아름답게 보일 수 있을지 고민하고 노력하는 것은 인간의 본능이다. 하지만 자신의 부족한 점이나 모르는 점을 솔직히 인정하는 것은 상대방에게 진정성을 전달하는 방법이 되기도 한다. 이는 인간관계에서 신뢰를 쌓는 매우 중요한 요소다. 또한 팀이나 그룹에서 일할 때, 모른다고 인정하는 것은 협업을 더 효과적으로 만들 수도 있다. 각자의 강점과 약점을 인정하고, 모르는 부분에 대해 함께 해결책을 찾으려는 태도가 중요하다.

모른다고 말하는 사람은 종종 다른 사람들과 함께 문제를 해결하거나 더 나은 의견을 제시할 수 있는 기회를 만든다. 또한 지식의 한계를 인정하고 성장하는 자세를 통해 성과를 높이는 데 기여한다. 이 과정에서 겸손함을 가져오며, 자신을 성장시키기 위한 동기가 만들어진다. 결국 모른다는 것을 인정하고, 그 지식을 채우기 위해 노력하는 태도는 더 큰 성장을 이끌어낸다.

어느 날 아내가 짧은 기간 동안 밀어붙이는 나 때문에 스트레스를 받아 사업 파트너인 덕이를 찾아간 적이 있었다. 아내는 덕이에게 이렇게 하면 오퍼레이션은 이래서 힘들고, 재고도 챙겨야 하고, 마케팅도 준비할 시간이 필요한데 리더가 이렇게 실무를 고려하지 않고 밀어붙여도 되는 거냐며 고충을 토로했는데, 그때 덕이가 "지금 형수님이 말하는 것 중에 동의하지 않는 부분은 하나도 없는데요. 결국 회사의 리더이자 대표는 형이에요. 형이 실무자들이 디테일하게 봐야 하는 모든 것을 하나하나 다 고려하다 보면 형은 대표로서 해야 할 일을 할 수가 없어요. 그건 우리의 몫이에요. 우리의 역할은 형이 대표로서 잘하는 걸 하게 해주는 게 아닐까요?"라고 말했다고 한다. 진짜 멋있지 않은가? 그 말을 듣곤 아내도 "음… 덕이 씨가 나보다 낫군요. 고마워요" 하고 그 방을 나왔다고 한다. 이렇게 든든한 내 사람들이 협업해 주는데, 내가 무엇이 두렵겠는가?

완벽하려는 자세를 멀리해라

세상은 끊임없이 변화하고 발전한다. 하지만 결국 시도 없는 변화 없고 실패 없는 발전은 없다. 인간은 누구나 반드시 불완전하다. 내가 틀리지 않는다는 건, 그만큼 내 한계를 극복하기 위한 도전을 안 한다는 의미가 아닐까. 내가 틀릴 수도 있다고 쿨하게 인정하고 나면 도전과 실패에 대한 두려운 감정 또한 거부하지 않고 받아들일 수 있게 된다. 새로 도전하는 것들에 대해 잘 모르는 것은 너무나 자연스러운 일이다.

언젠가 빠른 시간 내에 새로운 메뉴를 런칭하려고 하니 직원들이 이렇게 급하게 하면 완벽하게 준비할 수 없다며 불만을 토로했다. 그때 나는 "빠르게 준비해도, 늦게 준비해도 어차피 완벽할 수 없다면 액션은 최대한 빠르게, 대신 실수를 최소화하면 되지"라고 말했다.

개인적으로 실행에는 완벽함보다는 타이밍이 중요하다고 생각한다. 생각하고 계획만 세우다 실행 적기를 놓치면 결국 매번 생각만 하다가 끝나는 게 대부분이다. 대신 인간관계든 비즈니스 관계든 실수나 문제가 발생했을 때는 솔직한 인정과 진심 어린 사과가 상황을 바로잡는 최고의 대처 방법이다. 부족한 실력을 드러내는 걸

부끄러워하기보다 바로잡아야 하는 일에 집중하는 자세는 되려 함께 일하는 동료와 파트너들의 믿음과 신뢰를 더욱 단단하게 해주는 계기가 될 수 있다.

나 자신에게도 그렇고 가족이나 직원들에게도 "괜찮다"라는 말을 자주 한다. "안 되면 플랜 B로!" 실수를 해도 괜찮고, 잘 몰라도 괜찮고, 불완전하고 흔들려도 괜찮다. 모두 다 괜찮다. 정말로 아무렇지 않아서 괜찮다고 하는 게 아니라, "괜찮다"라고 말하다 보면 신기하게도 정말로 괜찮아진다. 말이 가지고 있는 강력한 힘을 믿기에 좌절하고 고민하고 부정적인 말을 내뱉기보다는 더 나은 방향으로 갈 수 있다는 믿음으로 긍정적인 태도를 계속해서 되새긴다. 그러면서 실패와 위기가 가져다줄 수 있는 기회에 집중하는 자세를 끊임없이 연습한다. 좀 모르면 어떤가? 몰라도 아는 척하면서 영원히 모르는 상태로 남는 것보다는 솔직하게 인정하고 배움을 구하는 편이 훨씬 현명하다. 배우고자 하는 자세에 긍정적인 마음까지 더해진다면 내 앞에 떡하니 버티고 있는 거대한 산도 한번 넘어볼 만한 용기가 생긴다.

세상은 끊임없이 변화하고 발전한다.

하지만 결국 시도 없는 변화 없고

실패 없는 발전은 없다.

TRACK 3

끝나지 않은 도전 속에서
매일을 살아내는 법

일단 한다,
단 무모하지 않게

2015년 트럭에서 매장으로의 사업 확장을 위해 매장을 물색하던 중, 유타에서 최고의 대학교라고 꼽히는 브리검영 대학(Brigham Young University) 근처에 5평 남짓한 허름한 자리를 찾았다. 자세히 알아보니 최근 몇 년간 그곳에서 영업을 했던 식당들이 줄줄이 망한 탓에 건물주는 우리를 반갑게 맞이해주었다. 심지어 파격적인 가격으로 임대료를 제안하기까지 했다. 계약을 마치고 지인들에게 소식을 전하자 크기도 작고, 잘 보이지도 않는 허름한 곳이라며 우려가 쏟아졌다. 다들 망해서 나간 곳을 왜 계약했냐는 말도 들었지만 나는 왠지 그곳이 꼭 마음에 들었다.

무엇보다 임대료가 굉장히 저렴해서 세일즈가 낮더라도 위험부담이 적었고, 바로 지척에 대학교가 있으니 우리의 음식이 맛있다면 꾸준한 매출을 올릴 수 있을 거라는 확신이 있었다. 작게 시작하기에 아주 적당한 장소였다. 다만 당장이라도 허물어질 것만 같은 외관을 어떻게 바꿀 것인지가 관건이었다. 누구나 줄줄이 망해 나간 깨끗하지 않은 곳에서 음식을 먹고 싶지 않을 테니 획기적인 변화가 필요했다. 그렇다고 비싸 보이는 장소도 아닌데 큰돈을 들여 리모델링하고 싶지는 않았다. 우리가 가진 한정적인 자원 내에서 어떻게 하면 참신한 인테리어를 할 수 있을까 고민하다가 컵밥의 정체성인 트럭 모양을 만들어보자는 의견이 나왔다. 최소한의 비용으로 트럭처럼 래핑을 하고 창문도 푸드 트럭의 창문 모양을 그대로 본떠서 만들었다. 그러자 제법 그럴듯한 트럭의 외관이 만들어졌다.

그렇게 설레는 마음으로 매장을 오픈했다. 하지만 방학 기간이라 대학생들은 이미 캠퍼스에서 빠져나간 이후였고, 그날따라 많은 비가 내렸다. 그럼에도 불구하고 SNS를 통해 첫 가게 오픈 소식을 접한 컵밥을 좋아하고 아껴주는 손님들이 하루 종일 꾸준히 찾아와주었다. 궂은 날씨에도 불구하고 첫날에만 4,500만 원이 넘는 매출을 올렸다. 처음 컵밥을 만들기로 결심했을 때 모두가 안 될 거라고 만류했던 것처럼, 이 매장도 모두가 망할 것이라고 우려했지만 결국 우리답게 해냈다. 미숙함으로 시작했지만, 우리 자신을 믿고 행동으로 옮긴 결과였다. 망한 자리라며 주변에서 만류한다는 이유만으로 도전하지 않았다면, 컵밥은 여전히 트럭 비즈니스일지도 모르겠다.

망한 공간 살려내기
전문입니다

입점하고 싶어 2년이 넘도록 문을 두드리던 유타 밸

리 대학(Utah Valley University)의 카페테리아가 있었다. 오랫동안 성과는 없었지만, 직원들이 내 얼굴을 다 익힐 만큼 끈질길 정도로 지겹게 찾아갔다. 디저트를 사들고 가기도 하고, 새로운 매장을 오픈할 때면 초대장을 보내기도 했다. 또 학교 내 행사가 열리면 트럭으로 참여해 이벤트 지원도 아끼지 않았다. 그렇게 대학 문지방이 닳도록 끊임없이 어필하던 차에 드디어 우리에게 기회가 찾아왔다. 새로 바뀐 담당자가 우리의 열정을 높이 산 덕분에 학교에 컵밥 같은 에너지가 필요하다면서 학교에 적극적으로 추천해 주어 드디어 입점할 수 있게 된 것이다.

하지만 아무래도 컵밥은 망한 자리와 인연이 있는건지, 장사가 안돼서 몇 번이나 브랜드가 바뀐 자리를 배정받은 것이다. 하지만 내 사전에 불가능은 없었다. 마치 구석에 걸치듯 위치해 있는 곳이었지만 반드시 그 카페테리아 안에서 가장 핫한 브랜드가 되겠다고 다짐하며 오픈을 준비했다. 개학 전 우리에게 주어진 시간은 단 10일뿐이었다. 사실 10일 안에 오픈은 불가능에 가까웠기에 학교에서도 천천히 해도 좋다고 했지만, 개학에 맞춰 오픈하고 싶었던 우리는 그 기간 안에 시청, 위생청 및 소방서의 허가를 받았고, 결국 개학일에 딱 맞춰 오픈을 해냈다. 우리를 보며 학교 측에서도 무척이나 인상 깊어 했다. 급하게 준비해서 오픈했지만 제대로 준비하고 싶은 마음에 어떻게 하면 학생들에게 강렬한 첫인상을 남길 수 있을지 고민했다. 다른 가게들에 피해를 주지 않으면서도 컵밥답게 독특하고 재밌는 이벤트를 하고 싶었다. 그래서 오픈 당일 구내식당 곳곳에 공짜 쿠폰을 숨겨뒀다. SNS에 이벤트를 알리자마자 학생들은 귀신같이 쿠폰을 찾아내 매장에 방문해 주었다.

매장은 문전성시를 이루며 성공을 거두었다. 우리를 추천해 준 담당자는 "너희는 이 공간에서도 역시 해낼 줄 알았다"며 축하해 주었다. 아무것도 가진 것이 없어도 결코 포기하지 않고 될 때까지 문을 두드리는 끈기가 우리의 장점이었다. 누군가에겐 잘 해내는 능력으로 보일 수도 있고, 아니면 운이 좋아 기회를 잡은 것으로 보일 수도 있지만, 갑자기 어느 순간 뚝딱 이루어낸 것은 결코 아니다. 계속해서 준비하고, 끊임없이 기회를 찾아 노력한 덕분이다. 아무런 준비 없이 무작정 덤비지 않았다. 찬찬히 시간과 노력을 들였고, 끈기를 가지고 웅크리며 기다린 순간들이 존재했다. 우리는 예나 지금이나 결코 무모해 보이는 시도는 지양하는 편이다. 다만, 성장 가능성이 보인다는 판단이 들면 그때부터는 뒤를 보지 않고 행동으로 옮긴다. 난 'Grit(투지와 용기)'이란 단어를 좋아한다. 실패에서 끝이 아닌 자꾸 다시 일어나는 탄성력. 실패가 부끄러운 것이 아니라 포기가 부끄러운 것. 멈추지 않는 꾸준한 노력을 의미하는 그 단어는 당시 컵밥이 걷던 길을 그대로 반영하고 있다.

기본에 집중하는 태도가 권태를 이긴다

오래된 중고 푸드 트럭 한 대로 시작한 컵밥이 이제는 트럭뿐만 아니라 매장으로 자리를 잡아가고 있다. '멋진 리더가 되어 근사한 회사를 운영하겠다'가 최고의 목표는 아니었다. 다만 직원들이 저마다 원하는 바를 이룰 수 있도록 기회를 제공하고 즐겁게 일할 수 있는 환경을 만들어주고 싶은 꿈이 있었다. 하지만 현실은 꿈처럼 달콤하지 않았다. 여전히 모르는 것투성이고 몸으로 부딪쳐 나가보자고 다짐했던 목표는 트럭에서 매장이 되고, 곧 매장 개수가 늘어나면서 자꾸만 새로운 현실이 정신없이 치고 들어오면서 흐릿해졌다. 트럭과 매장 운영은 구조부터가 달랐고, 환경도 달랐으며, 고객의 기대치도 달랐다. 처음 트럭을 운영할 때는 트럭 앞에 줄을 선 사람들을 보는 것만으로도 열정이 솟았다. 하도 소리를 지르며 말을 해서 하루가 끝나면 모두 목이 죄다 쉬어버렸지만, 그마저도 좋았다. 하지만 매장에선 사람들이 줄을 길게 서면 힘들어했고, 트럭처럼 음악을 크게 틀거나 소리를 크게 질렀더니, 되려 불편해했다. 또한 트럭에서 잘하던 직원들을 매장 매니저로 배치했더니 환경이 너무 달라 크고 작은 문제들이 생기기 시작했다. 레시피도 문제였다. 동일한 레시피였지만, 매장마다 음식의 맛에 약간씩 차이가 있었고, 소스를 뿌리는 방식도 직원마다 제각각이었다. 그럼에도 매출은 여전히 좋았는데, 매출이 좋은 것 역시 결국 문제가 될 수 있다는 걸 그때 처음 알았다. 한 매장의 경험이 다른 매장과 다르면 그건 브랜드가 아니었다.

직원들이 늘어나니 교육 문제도 보통 일이 아니었다. 지금 당장 닥친 일부터 해결해야 한다는 안일한 마음에 미뤄왔던 일들이 결국 하나씩 터지기 시작했다. 매출은 최고점을 찍었고 사업도 계속해서 바빠졌지만, 기본을 제대로 지키지 못하자 천천히 균열이 일어나는 것이 온몸으로 느껴졌다. 너무 바쁘다는 핑계로 직원들의 안건을 제대로 챙기지 못한 것이 화근이었다. 바로바로 중요한 일들을 처리하지 못했고, 결국 입사와 퇴사가 빠르게 반복되는 일이 발생했다. 매출이 오르고 브랜드의 인지도도 빠르게 성장했지만, 정작 내 식구들과의 소통이 부족하다 보니 좋은 사람들과 즐겁게 일하는 환경을 만들고자 했던 가장 큰 목표가 무너지고 있었다.

급할수록
초심으로 돌아갈 것

컵밥 초기 멤버는 창업자 가족 모두가 팔을 걷어붙이고 내 일처럼 뛰어들었으니 사장, 직원의 개념조차 없었다. 모두가 대표라는 마음으로 전력투구했다. 그렇게 시작한 컵밥이 1년, 2년을 보내고 나니 한 대였던 트럭이 세 대가 되고, 대형 스포츠 경기장에 입점하면서 직원들도 순식간에 늘어나기 시작했다. 트럭 초기에는 아직 직원을 제대로 관리할 준비가 되어 있지 않은 상태에서 급하게 인원을 충원하다 보니, 제대로 된 인터뷰와 교육 없이 사람들을 고용하느라 바빴고, 자꾸 구멍이 생겼다. 제대로 된 리더들이 없자 직원들도 가르치는 사람마다 스타일이 달라 어디에 기준점을 두어야 할지 헷갈리기 시작했다.

또한 음식을 주문하는 업체가 한 곳이 아니다 보니 때때로 재료 수급 및 재고 관리에도 문제가 생겼다. 책임을 줬지만, 체계가 없었기에 의사소통이 원활하게 이루어지지 않았다. 한번은 주방에서 음식을 계속 만드는데도 트럭마다 음식이 부족해지는 이유를 찾아보니, 각 트럭의 매니저들이 음식이 모자라는 게 싫어서 허락된

양보다 더 많은 음식을 자기 트럭에 마음대로 실은 탓이었다. 갑자기 추가된 스케줄도 문제가 됐다. 예고 없이 새로운 일정이 잡혔는데 담당자에게 제대로 전달이 되지 않았고, 다음 날 출근한 주방 직원들은 갑작스럽게 늘어난 음식량 때문에 아침부터 허덕이며 고생해야 했다. 이런 일들이 계속해서 반복되자 결국 직원들의 불만이 폭발했다. 너무 바쁜 스케줄과 초과 근무에 트럭에서 일하는 모두가 지쳐갔고, 이를 제대로 관리해 주는 중간 매니저가 없다 보니 시스템이 부재한 상태를 더는 견디지 못한 것이었다.

우리가 소화할 수 있는 역량보다 더 무리해서 욕심을 낸 결과였다. 아뿔싸! 이대로는 안 된다. 그래서 당장 그날의 스케줄을 모두 취소하고 전체 회의를 소집했다. 매니저를 포함해 파트타임으로 일하는 직원들까지 전부 소집해서 모두의 생각을 가감 없이 말하고 듣는 시간을 가졌다. 공통적으로 나온 의견은 무리한 업무로 인한

피로였다. 당장 돈을 버는 건 둘째치고 개인의 삶을 누리 여유도 없을 만큼 힘들다는 의견들이 나왔다.

모두의 이야기를 진솔하게 듣기 위해 마련한 자리였지만 직원들의 불만을 듣고 있으니 마음이 편하지 않았다. 직원들이 아프면 대신 일하고, 개인사가 있으면 고민 없이 바로 돈을 빌려주기도 하고, 필요하다면 시간 조정을 해주는 것은 기본이었다. 직원들을 위해서라면 내 편의보다는 무조건 그들을 우선시하며 하나라도 더 챙겨주려고 노력했는데, 너무 힘들어서 일을 못 하겠다니 한편으로는 억울하기도 했다. 하지만 일단 들어야 했다. 문제가 생겼으니 이를 해결하는 것이 먼저였다. 찬찬히 직원들의 이야기를 듣고 있자니 결국 문제는 회사의 시스템이었다. 우리가 제대로 이끌고 정리해 주지 못해 여기까지 온 것이 분명했다. 어떠한 이유나 변명도 할 수 없었다.

매출과 상관없이 소통의 부재 속에 낭비되는 인력과 음식들 같은 문제가 반복되고 있었다. 스케줄을 조정하고 효율적으로 관리할 수 있는 방법을 먼저 찾아야 했는데, 바쁘다는 핑계로 문제를 직시하지 못했다. 오픈을 앞둔 매장과 늘어나는 직원들을 소화하느라 제대로 관리하지 못한 내 탓이었다. 직원 교육이 이루어지지 않았기 때문에 가장 기본적인 컵밥의 서비스 정신조차 흔들렸다. 친절과 열정이야말로 컵밥 그 자체인데, 직원들이 지쳐 있으니 음식과 서비스가 제대로 제공될 리 만무했다. 창업자 세 명이 한 대의 트럭을 몰고 다니며 장사했던 그때로 돌아오라는 손님들의 리뷰도 있었다. 직원들은 나름대로 최선을 다해 일했지만 계속해서 비슷한 실수와 문제가 반복되다 보니 사기가 떨어졌다. 제대로 기본도 갖추지 않고 계획 없이 그저 달리기만 한 것이다. 이제 앞만 보며 열심히 달릴 게 아니라, 어떻게 달릴지를 고민할 차례였다.

나를 일으켜 세운
한마디

곳곳에서 문제가 터지고 있었지만 이미 계약이 완료된 매장들이 줄지어 오픈을 기다리고 있는 상황이었다. 하지만 이대로 가다가는 브레이크가 없는 자동차 안에서 속도만 더하는 꼴이 될 것이 분명했다. 예전에는 문제가 생기면 그 자리에서 바로바로 빠른 수정이 가능했지만, 이제는 트럭뿐만 아니라 점점 늘어나는 매장을 관리해야 했다. 직원들도 수십에서 수백 명이 넘어서는데 이들의 모든 이야기를 듣고 바로 시정하는 것은 불가능했다.

여전히 쉴 틈 없이 돌아가는 스케줄 속에서 시스템을 재정비하기란 쉽지 않았다. 두렵고 힘들다고 당장 이 상황을 회피하면 나중에 더 큰 문제로 돌아올 것을 알기 때문이었다. 마음을 다잡기 위한 날들을 보내던 어느 날, 평소처럼 피곤에 절어 잠이 들었는데 오랜만에 꿈을 꾸었다. 생각하지도 못했던 오랜 친구가 꿈속에서 내 머리를 쓰다듬으며 이렇게 말했다.

"정훈아, 아직 할 거 많잖아."

그 말에 잠에서 깼다. 너무나도 젊은 나이에 암으로 세상을 떠난 친구였다. 일에 치이고 사람들에게 치이는 내가 안쓰러웠던 걸까. 아니면 난 살아있으니 해낼 수 있는 것들에 투정 부리지 말고 앞으로 나아가라고 가르쳐준 걸까. 모두가 잠든 캄캄한 적막 속에서 홀로 깨어 가만히 생각해 보니 그제야 내가 좀 더 객관적으로 보이기 시작했다. 지금 겪고 있는 문제들을 넘어서면 결국 나를 더 성장시켜 줄 동력이 될 것이라는 게 분명해졌다. 이것들이 나이테처럼 하나둘 계속해서 쌓이다 보면 나중에는 반드시 멋진 나무가 될 것이었다. 다만 이 나이테를 어떻게 관리하고 만들어갈지는 오롯이 나의 몫이었다. 매번 넘어져도 오뚝이처럼 일어나 결국 해내고

야 마는 나답게 다시 일어서보기로 했다.

날카롭게 날을 갈고
정면 돌파하다

직원들의 불만을 모두 듣고 나니 오히려 마음이 편해졌다. 그 모든 문제점은 다시 처음으로 돌아가 고칠 부분은 고치고 중요한 것은 다시 다잡을 수 있는 것들이라는 확신이 들었다. 컵밥의 몸집이 커질수록 간과해서는 안 되는 사소한 문제들은 제대로 방향을 제시하지 못한 리더의 잘못이 컸음을 인정했다. 일하는 사람이 늘어날수록 눈에 보이는 기준과 기대치가 명확해야 함께 바라보는 공동의 목표가 보다 명확해진다. 여기서 멈춰서 제대로 재정비하지 못하면 컵밥의 다음은 없다고 생각했다. 스케줄을 정리하고 일을 줄이는 한이 있어도 직원 교육과 관리 시스템을 제대로 구축하기로 했다. 2주에 한 번은 저녁 스케줄을 없애기로 했다. 당시 한 달에 약 1,000만 원가량의 손해가 날 것이었지만 훗날 10억 원의 가치를 위해 과감하게 내린 결정이었다.

　급히 직원들을 뽑은 탓에 컵밥이 어떤 곳인지, 우리가 어떤 자세로 일하는지 알리지 못했으니 제대로 다시 알려줘야 했다. 당장 바로 개선해야 할 문제와 장기적인 문제를 나누었다. 단기적인 노력으로 해결된 부분도 있지만, 몇 년이 지난 지금까지도 여전히 노력하고 있는 부분도 있다. 그러는 동안 누군가는 떠났고, 누군가는 남았다. 직원들이 모두 내 마음과 똑같지 않기에 묵묵히 내가 할 수 있는 일을 한다. 그들에게 컵밥이 단순한 직장이 아니라, 미래를 꿈꾸고 목표를 실현할 수 있는 도구가 될 수 있기를 바라는 마음으로 온 마음을 다해 컵밥의 수장으로서 역할을 다하고자 노력할 뿐이다.

　언젠가 지인이 "사람을 믿지 말고 시스템을 믿어"라고 얘기해 준 적이 있다. 어떻게 믿음을 사람이 아닌 고작 시스템 따위에 의존하란 말인가. 하지만 꽤 오랜 시간이 지나면서 '시스템이 있어야 내 사람들을 지킬 수 있다'라는 해석에 도달했다. 좋은 회사에 좋은 사람이 모이려면 사람들이 신뢰할 수 있는 회사의 철학과 더불어 발전에 맞춰 끊임없이 진화하는 시스템에 대한 가능성이 존재해야 한다.

정체하지 않는 자세

처음 컵밥을 만들 때 목표는 무조건 빠르게 만들어 서빙하는 것이었다. 대형 프랜차이즈 '인앤아웃'의 방침을 우리도 그대로 따랐다. 하지만 나중에 보니 미국인들은 하루에 햄버거는 두세 번씩 먹을 수 있지만, 한식은 그렇지 않았다. 마치 우리가 김치찌개나 김치볶음밥은 매일 먹을 수 있지만, 피자나 햄버거는 매일 먹기 힘든 것과 같은 이치다. 컵밥을 운영하는 시간이 길어질수록 그 사실을 인정해야 했다. 한국에서는 갈비탕이나 감자탕 같은 단일 메뉴로도 큰 규모의 식당을 운영할 수 있지만 컵밥에도 더 다양한 선택지를 만들어야 했다. 컵밥의 정체성이나 마찬가지였던 메뉴와 소스들을 대폭 바꾸고 수정해 나가는 과정이 쉽지만은 않았지만, 변화하는 흐름에 맞춰 컵밥도 발을 맞추어 나가야 할 필요가 있었다.

미국인들이 가장 좋아하는 닭고기와 돼지고기, 소고기를 이용한 메뉴들에서 점차 다양한 메뉴를 내놓기 시작했다. 평균 한 달에 한 번 정도 매장을 방문하는 고객이 더 자주 방문하게끔 만들 만한 요소들이 없을까? 1단계에서 10단계 맵기로 만든 소스들은 컵밥의 오리지널로 남겨두고, 요즘 대세인 건강한 이미지에도 걸맞고 미국인들이 좋아하는 간장과 트러플을 조합한 새로운 소스를 개발했다. 오리지널 컵밥의 색깔만 지키겠다는 아집으로 기존의 메뉴에만 머물렀다면 컵밥은 더 이상 앞으로 나아갈 수 없었을 것이다. 컵밥의 정체성은 지키되 빠르게 변화하는 요식업의 세계에서 낙오되지 않으려면 끊임없이 메뉴를 개발하고, 속도에 맞는 행동이 필요하다. 이는 컵밥이 오래도록 장수 기업으로 남기 위해서 반드시 갖추어야 하는 태도이기도 하다.

빨리 가지 않고
올바르게 간다

컵밥은 어떤 회사인가? 컵밥을 세운 나는 알고 있지만, 새로운 직원들과 고객들은 얼마나 이해하고 있을까? 회사 시스템을 정비할 때 가장 중요하게 생각했던 부분 중 하나가 내가 알고 있고 바라는 회사의 철학과 가치를 글로 명확히 정의하는 것이었다. 그렇게 탄생한 컵밥의 미션은 "We strive to perfect food, service, and culture until all creatures in the universe experience Cupbop(전 우주의 생명체가 컵밥을 경험하는 그날까지 우리는 음식과 서비스, 그리고 문화의 완벽함을 추구하기 위해 노력한다)"이다.

음식을 파는 장사에서 멈추는 것이 아니라 일하는 사람도, 구매하는 사람도 모두가 행복해질 수 있는 경험을 제공하는 브랜드를 만들자는 것이다. 그러려면 먼저 회사부터 훌륭하고 도덕적인 사업적 기준을 가지고 있어야 했다. 그저 돈을 많이 벌기 위해 빠르게 달리기만 하는 것은 애초에 내가 세운 신념과 차이가 있었다. 시간이 걸리더라도 섬세하고 세밀한 시스템을 만들어서 정착시킨 후, 직원들과 함께 올바르게 나가기로 마음먹었다.

일단 전 과정을 모두 문서화했다. 당장 오늘 첫 출근을 한 직원은 A4 종이 앞뒤 한 장에 적힌 컵밥 문화 매뉴얼을 읽는다. 음식을 담는 방법도 그림 한 장, 소스를 뿌리는 방식도 그림 한 장, 매장 음식 및 청소 관리도 그림 한 장에 담겨 있고, 기본 서빙 매뉴얼은 누구나 처음 봐도 어렵지 않도록 가능한 한 쉽고 간단하게 만들었다. 그리고 매장 관리 시스템은 재고관리표와 숫자만 넣으면 자동으로 주문량이 계산되도록 표를 만들었다. 또한 식재료를 주문하는 업체들을 점차적으로 줄여 'Sysco'라는 대형 유통사로 통일했고, 매장이나 트럭마다 음식의 맛이 달라지지 않고 균일할 수 있게 음식에 들어가는 재료의 양부터 조리 방법과 보관 방법까지 모두 통일화했다. 매장이 늘어남에 따라 식재료를 더 좋은 퀄리티와 더 나은 가격으로 공급받기 위해 끊임없이 점검하고 관리했고, 같은 방법에 안주하지 않고 문제가 생기거나 더 나은 해결책이 보이면 바로 수정할 수 있도록 촉각을 곤두세웠다.

본사 차원에서 보다 더 높은 기준의 역량을 가진 직원을 끊임없이 발굴하고 유지하기 위한 시스템에 집중했더니 그 직원들이 관리하는 매장 직원들도 기준이 점차 높아지기 시작했다. 그리고 이는 자연스럽게 고객들에게 양질의 서비스를 내는 결과로 이어졌다. 잘 짜인 시스템일수록 그 안에서 일하는 직원들의 행복도 커진다. 여전히 컵밥의 시스템은 완벽하지 않다. 어쩌면 앞으로 영원히 우리의 시스템은 완벽하지 않을 것이다. 다만 지금의 컵밥에서 가능한 가장 효율적이고 체계적인 시스템을 만들기 위해 지금도 우리는 매일같이 꾸준한 노력을 하고 있고, 앞으로도 이 노력은 멈추지 않을 것이다.

처음에는 그저 열정과 진정성만 있으면 진심이 통할 줄 알았다. 하지만 백 마디 말로 불확실한 미래를 설득시키는 것보다 제대로 된 시스템을 갖추고 보여주는 것이 직원들에게 단단한 믿음을 불러일으킨다는 것을 오랜 경험을 통해 깨달았다. 앞으로도 나는 무작정 빨리 달리기보다 좀 느리더라도 제대로 올바르게 가는 길을 택할 것이다. 결국 그것이 내가 원하는 목표에 가장 빠르게 도달하는 방법임을 이제는 안다.

행복을 파는
브랜드

컵밥을 단순히 음식만 파는 가게가 아니라 행복을 파는 브랜드로 만들겠다는 다짐은 컵밥의 마스코트인 '호야'와 함께 시작되었다. 미국의 대학교들을 보면 각 학교를 대표하는 동물 마스코트가 있다. 유타 대학교는 붉은꼬리매 '스웁(Swoop)'이, 브리검영 대학교는 '쿠거(Cooger)'가 공식 마스코트다. 마스코트는 단순히 대학을 대표하는 캐릭터로서의 역할만 하는 것이 아니다. 그 학교가 추구하는 성향을 잘 반영한 마스코트는 재밌는 이미지 덕분에 학생들에게 큰 사랑을 받는 인기쟁이로

등극하기도 한다. 미국식 중화요리 프랜차이즈 전문점 '판다 익스프레스'는 로고 정중앙에 판다를 넣었다. 그렇다면 컵밥에도 마스코트를 만들어보면 어떨까? 어떤 모양이 좋을까? 우리는 한국을 대표하는 동물이 호랑이니까 더 생각할 것도 없이 호랑이로 정했다. 용맹스럽고 강인한 전통적인 호랑이보다는 컵밥의 이미지에 맞는 익살스럽고 친근한 캐릭터여야 했다. 거기에 차별점을 두기 위해 컵밥의 트레이드마크인 밥을 눈썹으로 활용했다.

이름은 호랑이의 '호'에 "누구야" 하고 누군가를 부를 때 쓰는 '야'를 붙여서 '호야'라고 지었다. 그렇게 컵밥의 마스코트인 '호야'와 호야의 친구 캐릭터인 '밥알'이가 만들어졌다. 거리에서 전단지를 돌려도 일반 직원이 돌리는 것보다 호야가 주면 사람들이 웃으며 잘 받아주었다. 게다가 우리는 학교 행사를 많이 다니기 때문에 브랜딩 매개체로 활용하기에 적합했다. 호야는 행동을 최대한 익살스럽게 하면서 사람들에게 친근하게 보이는 제스처가 특징인데, 일부러 엉덩이를 흔들거나 우스운 몸짓으로 보는 이에게 웃음을 전하고자 했다. 그래서인지 호야는 어딜 가나 그 몫을 톡톡히 해냈고, 특히나 아이들에게 인기가 많아서 덩달아 호야의 굿즈인 '키 체인'과 '미니 인형'을 갖고자 하는 아이들이 앞다투어 경쟁하기도 한다. 호야의 목적은 만나는 대상이 누구이든 호야만의 친근함으로 즐거운 웃음과 행복한 경험을 선사해 주는 데 있다. 곧 컵밥의 브랜드 목적이기도 하다.

어린 시절의 즐거운 추억에는 강한 힘이 있다. 추억의 음식은 꼭 세뇌된 것처럼 언제나 행복한 향수를 불러일으킨다. 앞서 설명했다시피 우리가 컵밥을 단순히 음식을 파는 곳이 아닌 즐거운 경험과 추억을 제공하겠다는 의미로 '푸드 엔터테인먼트' 브랜드로 부르는 것처럼, 나의 소울 푸드인 떡볶이가 단순한 맛을 떠나 가슴속에 간직한 추억이 있기 때문인 것처럼, 어려서부터 컵밥이 좋은 추억으로 자리 잡아, 성인이 되어서도 습관처럼 익숙하게 컵밥을 찾아주길 바란다.

실제로 대학 시절에 컵밥을 자주 먹던 학생이 아빠가 되어 두 살배기 딸 아이를 매장에 데리고 와 잡채를 먹이던 모습을 본 적이 있다. 어린 꼬마 아이가 잡채를 당차게 입으로 밀어넣는 모습이 너무 귀여워 먼저 말을 걸었는데, 그는 학생 때 자신이 맛있게 먹었던 컵밥의 경험을 자신의 아이와도 함께 나누고 싶고, 가족 전통으로 만들고 싶다고 말했다. 그 말이 어찌나 감동스럽던지. 그래서 호야 탈을 쓰고 나가는 날은 무조건 신나게 춤추는 날이다. 아이들과 하이파이브를 하고, 사진을 찍고, 막춤을 춘다. 이런 작은 호야의 경험이 컵밥과 이어질 테고, 아이들에게 컵밥이 단순히 음식이 아닌 신나고 즐거운 추억으로 남기를 바란다.

우리의 또 다른 미션, 밥심

컵밥을 처음 시작한 2013년도부터 가끔씩 한국과 관련된 작은 이벤트를 열곤 했다. 가령 단골 손님들을 초대해서 삼겹살 파티를 한다거나 공원에 모여 닭 싸움을 하며 어울리는 식이었다. 뭔가 대단한 목적이 있기보다는 그저 단골 손님들을 위한 재밌는 이벤트였다. 그러던 중 2015년에 여느 날처럼 단골 손님들을 초대해서 '밥심(밥을 먹고 생긴 힘. 좋은 음식을 먹으면 건강한 에너지가 생긴다는 뜻)'이라는 작은 이벤트를 열었다. 한국식 갈비도 선보이고, 김치 시연도 하고, 아이들의 사물놀이 공연도 있었다. 마침 그날 KBS에서 다큐 촬영을 나왔었는데, 행사 마지막에 프로듀서분이 참여한 손님 중 한 분에게 "오늘 행사 어땠어요?"라고 인터뷰를 청했다. 어쩌면 그날 그 손님이 한 말이 우리 회사의 또 다른 미션의 시작이었던 것 같다.

"한국이 어디 있는지도 몰랐는데, 컵밥을 통해 한국 음식을 먹고 이런 행사도 보고 나니 언젠가 가족을 데리고 한국에 가보고 싶네요."

그저 손님들과 재밌게 어울리려고 했던 작은 이벤트가 누군가에게는 한국에 대한 관심을 불러일으킬 수 있다는 걸, 나아가 우리가 소개하는 모든 것이 작은 한국이 될 수 있다는 것을, 그때 그 손님을 통해 배웠다.

내가 특별히 사업에 세련된 재능이 있어서, 혹은 대단한 비밀 레시피가 있어서 지금의 컵밥이 존재한 건 분명 아닌 것 같다. 외국 손님들은 문법이란 문법은 다 틀린 슬로건이 오히려 미국인처럼 완벽하지 않아 신선했다고 말했다. 재래시장에서 본 것처럼 목이 터져라 "엑스트라"와 "콤보"를 외치며 만두를 덤으로 얹어준 우리의 그 모습 자체가 오히려 감동이라 했다. 컵밥의 브랜드는 그렇게 우리다운 슬로건, 문화를 만들어가는 동안 성장했음이 분명하다.

하지만 여기서 한 발 더 나아가 컵밥을 '푸드 엔터테인먼트'로 확장시키려면, 어떻게 해야 할까? 김구 선생님께서 그토록 원했던 '높디높은 문화의 힘'을 우리가 어떻게 만들어갈 수 있을까? 그런 고민을 끊임없이 하던 중 외국인들이 좋아하는 컵밥 문화의 모든 것에 자연스럽게 한국이 연결되어 있음을 깨달았다.

그렇게 재미를 추구하던 컵밥의 문화 행사가 지금의 '밥심 행사'로 연결되었다. 컵밥은 분명 한국 음식이 베이스이지만, 미국 사람들이 좋아하는 소스를 얹은 서구화된 한국 음식이다. 지금에서야 트러플 소스도 있고, 양념치킨도 선보이면서 점차 진짜 한국식에 가까운 맛을 선보이고 있지만 시작은 눈높이 교육에 맞춘 한식이었다. 하지만 일 년에 한 번 '밥심 행사'에서 우리는 당당히 '전통'이란 카드를 꺼낸다. 한국 사람이라면 밥심으로 산다는 말을 누구나 들은 적도, 해본 적도 있을 것이다. 식사가 중요한 한국의 정서를 담은 음식을 넘어 전통과 문화를 전달하고자 하는 컵밥의 기업 가치를 밥심 행사를 통해 보여주는 것이다.

매해 열리는 밥심 행사는 언제나 반응이 뜨겁다. 처음 20명으로 시작했던 작은 이벤트가 백 명이 되고 천 명이 되더니 컵밥의 10주년 기념 행사였던 2017년에는 16,000명이 찾아주었다. 밥심에는 아장아장 걷는 아이들에서부터 한국 문화에 관심 있는 자녀를 둔 가족 혹은 아예 한국에 대해 전혀 모르는 방문객도 많다. 사람들은 밥심 축제에서 한복을 입어 보거나 전통 게임을 하기도 하고 혹은 각 기업에서 소개하는 한국 제품을 먹어보거나 요즘 인기가 좋다는 한국 화장품을 사가기도 한다. 컵밥뿐만 아니라 호떡, 떡볶이 같은 한국 길거리 음식을 먹어볼 수도 있다.

밥심은 어느새 컵밥 브랜딩의 일부이자 매년 수천 명이 참가하는 가장 뿌듯한 연례 문화 행사가 되었다. 컵밥은 밥심을 통해 감히 한국의 가교 역할을 자처했고, 서구적인 한식 컵밥으로 입문한 미국인들에게 또 다른 한국을 경험하게 해준다. 이 행사에 온 모든 이들이 재밌는 추억 하나, 기분 좋은 경험 하나를 얻어갈 수 있도록 만드는 것이 우리의 목표지만, 밥심이 특별한 의미를 가진 이유가 하나 더 있다. 이 행사에서 벌어들인 수익이 선생님들을 위한 이벤트 혹은 대학교 장학금이나 고등학교 스포츠 지원금 등으로 지역 사회에 환원된다는 점이다. 미국 사람 입장에서 보면 외국 음식을 파는 브랜드가 주최하는 외국 문화 행사가 그들이 속한 사회를 위해 쓰이는 셈이다. 우린 이러한 작은 노력 하나하나가 조금씩 그들의 가슴에 스며들면서 그 과정 자체가 진정한 문화 교류라고 믿는다.

컵밥의 정신은 문화에 기반을 두고 있다. 음식을 파

는 브랜드니 당장 치킨 가격을 조금이라도 낮추는 것도 당연히 중요하지만, 어떤 요식업도 갖고 있지 않은 특별한 마케팅이자 우리의 정체성은 그동안 우리가 성장시켜온 문화의 힘으로부터 나온다. 그리고 이런 노력을 통해 점차 컵밥이 단순히 음식이 아니라 문화를 경험하는 브랜드로 인식되길 바라는 마음으로 밥심 행사를 이어가고 있다.

10년 뒤 컵밥은 어떤 모습일까 생각해 본다. 미국에서도 대다수가 백인이고 보수적인 성향이 강한 유타에서 트럭 하나로 시작해 인도네시아까지 간 컵밥은 이제 아랍 에미리트, 캐나다 진출을 앞두고 있다. 하지만 그런 회사 규모의 성장뿐만 아니라 지금까지 다른 한국 기업들이 외국에서 하지 못했던 일을 해내고 싶다. 컵밥만의 독특한 문화를 만들어 지속 가능한 장기 브랜드로 남고 싶다. 단순히 음식만 맛있는 브랜드가 아니라, 우리만의 문화 가치를 가진 진정한 기업이 되는 것이다. 컵밥이 지금 이대로 머물기를 원하지 않는다. 영원한 것은 무엇도 없기에 지금의 인기가 언젠가는 시들해질지도 모른다. 하지만 당장의 이윤을 떠나서 컵밥을 통해 우리가 하고 싶은 것들을 마음껏 펼쳐 보이고 싶다. 우리의 가슴속에 존재하는 수많은 아이디어가 과연 성공할 만한 것인지 시험해 보고 싶다. 컵밥이 오랜 시간이 흘러도 계속해서 도전하는 기업으로 남을 수 있다면 더할 나위가 없다.

성공 확률 100%
영업맨의 비결

미국에 와서 첫 사업인 '고릴라 VIP'를 운영할 때부터 지금까지 나를 소개할 때 "한 번도 실패해 본 적 없는 성공 확률 100%의 영업맨"이라고 표현한다. 대부분의 사람들은 내가 농담을 하는 줄 알고 웃곤 하는데, 그럴 때면 나도 같이 하하하 웃어넘기지만, 사실 나는 정말로 지금까지 한 번도 영업에 실패해 본 적이 없다. 약간의 언어유희처럼 느껴지기도 하지만 '실패'라는 단어를 조금 다르게 해석하기 때문이다. 나에게 영업이란 '성공'했거나, 아직 '진행 중'이라는 단어밖에 없다. 만약 영업을 시도했다가 그날 성과가 없었다면 그것은 실패가 아니다. 아직 끝나지 않았으므로 여전히 진행 중일 뿐이다. 나는 포기하지 않았고, 내려놓지도 않을 것이기 때문이다. 그러니 실패하지도 않았다. 다만 성공하기까지 시간이 조금 길게 걸릴 뿐이다.

평소에 '실패'라는 단어를 자주 사용하지 않으려고 노력한다. 실패했다고 말하면 잘못해서 패배했다는 느낌이 드는데 그럴 때는 또 다른 방법이나 노력이 필요한 '과정'이라거나 혹은 아직은 때가 아닐 수 있다고 생각한다. 실패라고 생각하면 되돌릴 수도 없고 끝나버린 것 같지만, 단지 다른 방법이 필요한 거라면 계속해서 도전해 볼 수 있는 용기가 생긴다. 나라고 왜 실패해본 적이 없을까. 굳이 세어보자면 사실 셀 수가 없을 만큼 많은 좌절과 두려움이 있었다. 하지만 그럴 때마다 등을 보이고 뒤돌아 가지 않았다. 나는 또다시 시도할 것임을 알기에 어떤 관계도 소홀히 하지 않고 계속해서 유지했다.

정말 놀랍게도 포기하지 않고 있으면 나를 거절했던 상대방에게서 먼저 비즈니스 메일과 전화가 왔다.

내게 실패란 "어라, 이게 안 돼? 그럼 더 뛰어야겠네. 더 많이 가야겠네" 하고 정체되어 있던 나를 움직이게 하는 촉진제와 같다. 거짓말 같은가? 그럼 이렇게 말하면 어떨까. 나는 남들이 안 된다며 포기하라고 말했던 일을 해낸 순간, 가장 큰 짜릿함을 느낀다.

천성은 바꿀 수 없지만 행동은 바꿀 수 있다

유타에서 시작했으니, 컵밥은 당연히 유타에 가장 많은 매장 수를 가지고 있으며, 프로 스포츠 경기장에도 모두 입점해 있다. 그런데 우리가 몇 년째 계속 도전하고 있지만, 아직도 입점하지 못한 곳이 하나 있다. 바로 솔트레이크 공항이다. 출장을 많이 다니기에 공항을 자주 이용하는데, 갈 때마다 길을 돌아가더라도 꼭 지나가며 만져 보는 매장 자리가 하나 있다. 어느 날 아내와 동반 출장차 공항에 갔을 때도 멀쩡히 걷다 벽을 만지는 날 보고 의아한 눈빛을 보내는 아내에게 "내가 찜한 자리야. 난 여기에 반드시 들어올 거야"라고 말했다. 그런 나의 행동을 몇 번 보며 피식 웃기만 하던 아내는 어느 순간 공항에 갈 때마다 그 매장의 벽을 같이 만지기 시작했다. 내가 찜한 건데, 이제는 우리가 함께 찜한 거란다. 몇 년 뒤 언젠가 이 글을 떠올릴 때 그 자리에 컵밥 매장이 운영되고 있는 상상을 해본다. 지금 되지 않는다고 해서 나중에도 못 하리라는 법은 없다. 지금의 실패는 경험이고 과정이며 징검다리 하나 더 놓는 전진일 뿐이다. 미숙하면 어떤가. 그러니 그저 할 뿐이다.

어떤 일을 해내는 과정에 있어서 실수나 실패, 그리고 인내를 대하는 태도는 사람마다 다르다. 실수를 유난히 크게 받아들이고 상처받는 사람도 있고, 대수롭지 않게 여기는 사람도 있다. 못 참고 바로 다른 곳으로 옮겨가는 사람이 있는 반면, 끈질기게 물고 늘어지는 사람도 있다. 그 차이는 주어진 환경이 아니다. 나에게 닥치는 외부의 환경을 조절할 수는 없겠지만, 그 환경을 받아들이는 자세는 나의 의지로 바꿀 수 있다. 끝없이 침잠해 있을 것인가, 아니면 지나가는 실패를 대하는 나의 기분과 행동을 바꿀 것인가는 오로지 나의 몫이다. 일을 하다 보면 계획대로 되는 일보다 변수가 훨씬 더 많은데, 당황하는 아내 혹은 직원들에게 내가 가장 많이 하는 말이 있다. "괜찮아, 안 되면 플랜 B로. 플랜 B도 안 되면 플랜 C를 찾아서." 틀어지고 무너지는 것들을 괜찮다고 대하는 게 우리의 자세라고. 어차피 실패는 누구에게나 일어날 수 있으므로 실패를 어떤 식으로 받아들이고, 그것을 바탕으로 무엇을 더 배워나갈지를 고민하면 그만이다. 이미 일어난 일에 대해 자책하거나 후회하는 데에는 답이 없다. 그리고 두려움을 이겨내고 또다시 도전해야 한다. 도전이 없으면 성장도 없다. 실패는 과정일 뿐, 털고 일어서서 계속 앞으로 걸어야 한다. 그래야만 나도 살고 컵밥도 산다. 나도 컵밥도 지금까지 그렇게 살아남았고, 앞으로도 이런 과정의 연속일 것이 분명하다.

도전이 없으면 성장도 없다.

실패는 과정일 뿐,

털고 일어서서 계속 앞으로 걸어야 한다.

지금까지 그렇게 살아남았고,

앞으로도 이런 과정의 연속일 것이 분명하다.

아스팔트를 뚫고 자란 잡초처럼

평소에 아이들에게 늘 하는 말이 있다. "밥 잘 먹고 싹수만 있으면 된다." 아이들을 훈육하고 교육도 시켜야 하는 아내는 내가 그런 말을 할 때마다 눈을 흘기지만, 내가 진심으로 아이들에게 바라는 것은 몸과 마음의 건강뿐이다. 한국도 그렇지만 미국에서도 성적 때문에 자살하거나 부모와 단절되어 마음의 문을 닫아버리는 아이들이 적지 않다. 공부는 아이의 수많은 방향 중 하나일 뿐인데, 공부를 못하면 마치 아이의 인생 자체가 실패한 것처럼 낙담하는 부모들을 보면 안타깝고 속상하다. 그들의 마음을 이해하지 못하는 것은 아니지만 아이들의 인생에서 가장 중요한 것은 행복하게 살기 위한 방법을 배우는 것이라고 믿는다. 시련이나 고통이 왔을 때 의연하게 대처하고, 행복을 지켜갈 수 있도록 돕는 것이 부모의 역할이라고 생각한다.

최근 사춘기 시절을 보내고 있는 큰아들을 보며 아내는 참 힘들어했다. '세대가 다른 날 것 그대로의 송정훈'이랑 똑같으니, 내게 책임지라는 거다. 그런데 난 그 아이가 대학교를 안 가거나 혹은 고등학교를 졸업하지 않아도 진심으로 괜찮다. 행복의 척도가 공부였다면, 난 세상에서 가장 행복하지 않은 사람 중 한 명이어야 하는데, 꼴찌에 가깝던 고등학교 시절도 그렇고, 내일모레면 50살에 가까워지는 지금도 내 삶은 열정과 설렘으로 가득하기 때문이다. 그 삶의 중심엔 공부가 아닌 행복하고 건강한 경험들이 있다. 그리고 부모님으로부터 물려받은 정직함과 성실함도 한몫했다. 지금의 나를 이루고 있는 건 초등학교 받아쓰기 만점과 같은 성적 중심이 아닌, 어릴 적 시골에서 물놀이를 하던 부모님과의 추억, 고등학교 3학년 때 학교를 빼먹고 친구들과 바닷가에 가서 놀았던 즐거운 기억, 혹은 길거리에서 주운 만 원짜리 지폐 가득하던 지갑을 경찰서에 가져다주었던 정직함, 식당에서 손님들을 웃게 하던 나에 대한 자신감 같은 것들이다.

내 딸 아이가 6학년 2학기에 A+ 성적을 받은 과목은 잊어버려도, 남자친구에게 서프라이즈 이벤트를 해주려고 같이 쇼핑을 하고 왕복 한 시간을 운전해 준 아빠에 대한 감사함은 기억하지 않을까? 학교에서 공부를 하다 스트레스를 받았던 날, 함께 학교를 빼먹고 맛있는 음식을 포장해 공원에서 좋아하는 노래를 듣던 추억도 마찬가지다. 적어도 내겐 성적보다 이러한 행복한 기억들이야말로 내 삶의 중심이 되고 다시 일어설 힘이 되었다. 그래서 한창 자라는 내 자녀들에게 오래도록 간직할 수 있는 행복한 기억을 많이 남겨주고 싶다. 세계 1등 자산가가 과연 행복으로도 1등일까? 소위 말하는 명문 대학교, 대기업이라는 프레임을 갖고 있다고 더 행복할까? 그런 사람들보다도 자기 자신을 사랑하는 방법을 알고, 내가 갖고 있는 능력이 무엇인지 알고 있는 사람이 행복한 경우를 훨씬 많이 봤다. 사람들이 정해놓은 틀 안에 포함되지 않더라도 실패자나 패배자라고 느끼지 않았으면 좋겠다. 알을 깨고 우물 밖으로 나와보기를 바란다.

불완전함을
긍정하는 태도

자기 자신을 다른 사람들과 끊임없이 비교하는 순간 비극은 시작된다. 나보다 부족해 보이는 사람들과의 비교는 날 교만하게 만들고, 나보다 나아 보이는 사람들과의 비교는 나를 초라하게 만든다. 비교하는 못된 습관을 이겨먹을 방법은 딱 하나다. 남과의 비교에서 벗어나 나와의 경쟁에 집중하는 것이다. 그러려면 나의 장점에 관해 스스로 칭찬해 주고 단점은 스스로 조금씩 싸워가며 작은 성취감부터 쌓아가는 노력이 중요하다. 결국 세상은 포기하지 않고 끝까지 실행하는 사람이 해낸다. 어떤 일에 있어 장인이 되는 방법은 생각보다 어렵지 않다. 똑같은 일을 끊임없이 계속 반복하다 보면 장인이 될 수밖에 없다. 그럼에도 불구하고 장인이 흔하지 않은 이유는 그 오랜 시간을 포기하지 않고 반복할 수 있는 사람이 많지 않기 때문이다. 장인은 자기 스스로와 매 순간을 싸워가며 인내심을 쌓았음이 분명하다. 세상이 정해놓은 기준과 싸우지 않길 진심으로 바란다. 남이 바라보는 내가 아닌 내 자신에게 집중할 때 비로소 나만의 기준으로 내 삶의 주인이 될 수 있다.

사실 내가 비교만큼이나 신경 쓰지 않는 것이 하나 더 있는데, 바로 '완벽함'이다. 완벽함은 때론 자기혐오와 비참함을 일으키는 요인이 된다. 사회가 정해놓은 기준을 제대로 지키지 못했을 때, 스스로를 비하하며 더 이상 여기에 속하면 안 되는 사회의 낙오자 같은 착각을 일으킨다. 자존감은 나의 불완전함을 받아들일 때 비로소 높아질 수 있다. 나는 공부를 잘 못했지만, 남들은 잘 웃겼다. 다들 문제아라 불렀지만 나에게 떳떳했다. 공부 대신 얻은 유머 덕에 전문직은 갖지 못했지만, 성공률 높은 세일즈 맨이 되었고, 나름 정직하다고 자부하는 기준은 남들이 보기에도 신뢰를 줄만 했기에 지금의 컵밥이 있지 않나 싶다.

여전히 앞으로 전진과 후퇴를 반복하는 삶이지만, 지난날을 돌아봤을 때 분명 전진이 더 많은 것을 보니 앞으로도 포기하지만 않으면, 발전해가는 나를 만나게 될 것이라 확신한다. 나는 어디를 가나 가운데에 서는 걸 좋아하지 않는다. 하지만 공간 어디에 있든 내 존재감 하나쯤은 드러낼 수 있는 자신감이 있다. 남들이 원하는 사람이 될지는 모르겠으나, 내가 원하는 스스로는 될 자신이 있다. 이 모든 건 내가 가진 불완전함을 긍정적인 태도로 바라봤기에 가능했다. 내가 단점이라고 여겼던 것들을 가만히 생각해 보면 누가 단점이라고 명명한 것일까? 나의 부모가? 이 세상이? 아니면 나 스스로가? 누군가 정해놓은 척도는 내 장단점이 가르는 것이 아니라 그저 다름의 차이일 뿐이다. 하나의 틀밖에 없는 곳에서는 하나의 삶밖에 살 수 없음을 잊지 말자.

화초보다 아름답고
경이로운 잡초

언젠가 길을 걷다가 아스팔트를 뚫고 자란 잡초가 눈에 들어왔다. 좁은 틈을 비집고 싹을 틔우느라 예쁘게 자라지는 못했지만, 마치 "나 여기 있어요" 하며 자신의 존재를 알리려는 듯 당당히 초록빛을 뽐내고 있었다. 그 모습에서 패기와 투지가 느껴졌다. 편한 곳을 놔두고 굳이 아스팔트 속에서 뿌리를 내린 것이 꼭 내 인생 같아 괜스레 눈물이 났다. 아마 그때의 내 삶은 앞이 보이지 않았기에, 그날따라 조금 힘든 마음에 그 잡초가 유독 눈에 들어왔던 건지도 모르겠다.

누구 하나 잘 될 거라고 응원해 주기보다 안 될 거라고 손가락질부터 했던 나의 시작은 작고 초라했다. 나는 멀리 돌고 돌아 지금 이곳에 와 있다. 앞으로도 나의 여정은 고단하고 힘들겠지만, 다시 선택하라고 해도 나는 백 번이든 천 번이든 온실 속의 화초보다는 어디에서든 살아남을 의지와 투지를 가진 잡초의 삶을 고르겠다. 따뜻한 곳에서 보호받으며 사는 화초는 아무리 봐도 나와 닮지 않았다. 완벽과 거리가 먼 환경에서도 살아남을 수 있는 경이로운 잡초가 역시 더 끌린다.

두려움을 느낀다는 것은 내가 성장하고 있다는 신호와도 같다. 아스팔트를 뚫고 자란 잡초는 앞으로도 수많은 역경을 겪을 것이다. 사방의 뜨겁고 딱딱한 벽돌을 동반자 삼아 어떻게든 이 삶을 살아내야 한다. 하지만 지금까지 내가 그래왔듯이 나와 꼭 닮은 이 잡초는 꿋꿋하게 잘 버텨낼 것이다. 다람쥐 쳇바퀴 같이 반복되는 하루하루를 보내며 기어코 성장할 것이다.

나는 오늘도 역시나 어려움을 마주한다. 내 아이들도 교정을 포기한 영어가 여전히 어렵고, 사춘기 자녀가 둘인데 앞으로 이 과정을 세 번이나 더 겪어야 한다 생각하니 아내랑 부둥켜안고 울고만 싶다. 컵밥은 여전히 매일 파도를 만나고 있고, 때로는 큰 파도가 두려울 때도 있다. 여기서 더 쉬워진다는 보장도 없고 때때로 세상은 공평하지 않을지도 모른다. 하지만 다 괜찮다. 오늘의 고난이 내일은 좀 더 강한 자신을 만들어줄 것이라는 믿음은 매일을 포기하지 않고 살아내는 이들만이 가질 수 있는 신뢰이자 의지이다. 그런 작은 신뢰와 의지를 쌓아 가다 보면, 어느 순간 아스팔트도 뚫고 나오는 잡초처럼 우리는 각자의 경이로운 빛을 발견하게 될 것이다.

에필로그

 이 책을 쭉 따라왔다면 마치 진화하는 포켓몬처럼 점점 성장하는 인간 송정훈과 컵밥을 지켜보셨으리라 생각한다. 아무것도 모르고 미국에 와서 방향을 찾다 10여 년을 보냈고, 모든 것을 몸으로 부딪치며 컵밥을 키워내는 동안 또 다른 10여 년을 쏟았다. 나 스스로가 얼마나 성장했는지 판단하는 것이 오만일지는 모르나, 말 그대로 아무것도 없는 불모지에서 푸드 트럭 한 대로 시작한 컵밥이 여기까지 온 것을 보면 분명 나아진 내가 보인다. 내 인생은 단 한순간도 평탄한 적이 없었다. 예상했던 일보다는 예상하지 못했던 일이 훨씬 많이 일어났고, 시도했던 모든 도전들이 한 번에 성공한 적은 거의 없었다. 지금도 마찬가지다. 오히려 처음 컵밥을 시작했을 때보다 더 어렵고 힘든 난관들이 매일같이 내 앞에 펼쳐져 있다.

하지만 내가 기꺼이 짊어지기로 결정한 선택이기에 어떤 후회도 없다. 난 매 순간 최선을 다할 것이기에 내 선택을 의심하지 않는다. 시작하기도 전에 '이게 아니면 어쩌지? 내가 틀렸으면 어떡하지?' 하고 스스로를 의심하다 보면 결국 한 걸음도 뗄 수 없게 된다. 아직 갈 길이 먼데 출발하기도 전에 뒤를 돌아보며 전전긍긍하는 꼴이다. 이전에 경험해 보지 않은 일을 시작하려면 당연히 걱정과 두려움이 뒤따른다. 무서울 수도 있다. 현재 자신의 삶에 머무르기로 했다면 그 결정도 좋다. 하지만 변화가 필요하다고 생각해서 움직이기로 결정했다면 그 선택에 대한 책임을 져야 한다. 모든 게 준비될 때까지 기다릴 필요도 없다. 우리 생에서 완벽한 준비를 갖출 수 있는 때는 그리 많지 않다. 최소한의 움직임을 위한 준비를 마쳤다면 이제 나아가자. 그리고 그때그때 부족한 것들을 보충해 나가면 된다.

나 역시 1부터 10까지 다 채우고 시작하지 못했다. 8까지 준비가 됐다면 이미 충분하다. 막상 시작해서 부딪치다 보면 10이 아니라 20이 필요할 수도 있고, 8만으로도 이미 충분할 수도 있다. 직접 해보지 않으면 결코 알 수 없는 것들이다.

요즘 한국 뉴스를 보면 꿈을 포기한 청년들이 늘어나고 있다는 기사를 자주 접할 수 있다. 존재만으로도 가장 아름답게 빛날 때인데 꿈과 희망을 잃어버린 시대의 한가운데에서 좌절하고 있을 청년들이 안타깝다. 지금 당장 꿈이 없다고 낙담할 필요는 없다. 하지만 하고 싶은 것도 없고 꿈도 없다는 이유로 오늘을 나태하게 보내서는 안 된다. 나에게 주어진 하루하루를 최선을 다해 성실하게 살아내다 보면 나도 모르는 사이 가슴속에서 뜨겁게 생동하는 꿈이 보이기 시작할 것이다.

사업을 하면 할수록 내 뜻대로 되는 일이 하나도 없다는 사실을 체감한다. 사업의 규모가 커질수록 위기와 갈등도 비례해서 커졌다. 남들에게는 컵밥이 안정적인 구조를 갖추고 몸집을 불리는 것처럼 보일지 몰라도, 점점 커져가는 책임과 의무를 다하기 위해 오늘도 물속에서 부지런히 헤엄치고 있다. 생각해 보면 인생도 그렇다. 행복할 때보다 낙담하고 좌절하고 눈물 흘릴 때가 훨씬 더 많지만 그렇다고 멈추거나 뒤돌아보지 않는다. 자꾸 뒤를 돌아볼 때마다 내 안의 두려움도 커지기 때문이다. 내가 할 수 있는 일은 내게 또 다른 선택지가 있는지 빠르게 살피고 차선책을 선택하는 것뿐이다.

부정의 수렁에 빠지는 대신 조금 다른 시선으로 세

상을 바라봤을 뿐인데, 이 대단할 것 없는 태도 덕분에 지금의 컵밥을 만들어낼 수 있었다. 이 책을 통해 누군가가 제2의 컵밥, 혹은 또 다른 자기만의 목표와 목적을 마음속에 품을 수 있기를 바란다. 내 극복의 경험을 나눔으로써 조금만 용기를 내서 세상으로 나오면 너무나 아름다운 세상이 펼쳐진다는 것을 보여주고 싶다.

나의 이야기는 성공 이야기가 아니다. 처음부터 가진 게 많은 사람이 "나 이렇게 해서 성공했어요" 하는 식의 보여주기 위한 과시용 자기 계발서를 쓰고 싶지 않았다. 남의 눈을 의식하지 않고, 오늘의 내가 마음먹은 일을 하며 내공을 쌓아가는 노력과 멈추지 않는 도전의 이야기다. 나아가 세상에는 정해진 길이 아니어도 나만의 길을 만들어 나갈 수 있는 기회가 무궁무진하다는 것을 말하고 싶었다. 정해진 길을 걸어가도 좋고, 새로운 길을 찾아도 좋다. 가장 중요한 건 내가 하고 싶은 일, 오롯이 내가 선택하는 길을 걸어가야 한다는 것이다.

지금도 컵밥은 매일같이 전쟁 중이다. 겉으로는 고요해 보이지만 사실 물에 떠 있기 위해서 얼마나 간절하게 발버둥 치고 있는지 보여주고 싶다. 이 발버둥이 매번 힘들고 고통스럽기만 한 것이 아니라, 한 단계 한 단계 넘어가며 시련을 겪을수록 더욱 강해지는 게임 속 캐릭터처럼 때로는 신나고 짜릿할 때도 있다.

한 발을 떼서 한번 해보겠다고 마음먹고 시작하기만 하면 정말로 거짓말처럼 무언가가 이루어졌다. 아직도 나는 맨몸으로 문을 두들겨가며 영업을 한다. 대표가 직접 일일이 찾아다니며 영업을 한다는 것이 쉽지만은 않지만, 컵밥에 필요하다고 판단이 서면 그냥 한다. 담당자들은 내가 약속 장소에 나타나면 대표가 직접 왔다는 사실에 놀라곤 한다. 그리고 직접 뛰는 정성에 감동을 받아 비즈니스 파트너에서 친구가 되고, 서로 도움을 주고받는 사이가 되기도 한다. 일을 하면서 단 한 번도 내가 할 일이 아니라는 생각을 해본 적은 없다. 지금까지 그래왔고, 앞으로도 그럴 것이다. 오늘도 1달러라도 더 깎기 위해 노력하며 기꺼이 땀을 흘리며 뛸 것이다.

이 모든 것은 나 혼자만이 이뤄낸 것이 아니다. 수많은 사람들이 함께해 준 덕분이다. 컵밥 크루들이 아니었다면 컵밥의 성공도 없었을 것이다. 고난의 순간마다 든든한 힘이 되어준 모든 크루들에게 진심으로 감사의 말을 전하고 싶다. 푸드 트럭에서 손님과 사장으로 만나 지금은 컵밥의 COO로 일하며 같은 목표를 향해 나아가고 있는 덕이, 개인의 인생뿐 아니라 컵밥의 처음부터 끝까지 모든 순간을 함께해 준 나의 뿌리인 가족에게 깊은 사랑을 전한다. 특히 다섯 아이를 낳고 키우면서 컵밥의 엄마 역할까지 맡아준 '슈퍼 울트라 몬스터', 나의 아내에게 무한한 존경을 보낸다.

우리 생에서 완벽한 준비를

갖출 수 있는 때는 그리 많지 않다.

최소한의 움직임을 위한

준비를 마쳤다면 이제 나아가자.

그리고 그때그때 부족한 것들을

보충해 나가면 된다.

아웃 오브 더 트랙

초판 1쇄 발행 2025년 07월 09일

지은이 송정훈
펴낸이 김상현

콘텐츠사업본부장 유재선
출판1팀장 전수현　**책임편집** 전수현　**편집** 주혜란 심재헌
디자인 김예리 권성민　**마케팅** 이영섭 남소현 최문실 김선영 배성경
미디어사업팀 김예은 김은주 정영원 정하영
경영지원 이관행 김준하 안지선 김지우

펴낸곳 (주)필름
등록번호 제2019-000002호　**등록일자** 2019년 01월 08일
주소 서울시 영등포구 영등포로 150, 생각공장 당산 A1409
전화 070-4141-8210　**팩스** 070-7614-8226
이메일 book@feelmgroup.com

필름출판사 '우리의 이야기는 영화다'

우리는 작가의 문체와 색을 온전하게 담아낼 수 있는 방법을 고민하며 책을 펴내고 있습니다.
스쳐가는 일상을 기록하는 당신의 시선 그리고 시선 속 삶의 풍경을 책에 상영하고 싶습니다.

홈페이지 feelmgroup.com　**인스타그램** instagram.com/feelmbook

ⓒ 송정훈, 2025

ISBN 979-11-93262-60-3 (03190)

- 이 책 내용의 일부 또는 전부를 재사용하려면 반드시 필름출판사의 동의를 얻어야 합니다.
- 책값은 뒤표지에 있습니다. 잘못 만들어진 책은 구입처에서 교환해 드립니다.